大学语文：
文化传承与文学鉴赏

张　滨　孙嘉琪　朱心宇　主编

哈尔滨出版社
HARBIN PUBLISHING HOUSE

图书在版编目（CIP）数据

大学语文：文化传承与文学鉴赏／张滨，孙嘉琪，朱心宇主编. -- 哈尔滨：哈尔滨出版社，2025. 3.

ISBN 978-7-5484-8442-4

Ⅰ. H193.9

中国国家版本馆 CIP 数据核字第 202592XQ54 号

书　　名：**大学语文:文化传承与文学鉴赏**

DAXUE YUWEN：WENHUA CHUANCHENG YU WENXUE JIANSHANG

作　　者：张　滨　孙嘉琪　朱心宇　主编

责任编辑：滕　达

出版发行：哈尔滨出版社（Harbin Publishing House）

社　　址：哈尔滨市香坊区泰山路 82-9 号　邮编：150090

经　　销：全国新华书店

印　　刷：北京鑫益晖印刷有限公司

网　　址：www.hrbcbs.com

E - mail：hrbcbs@ yeah.net

编辑版权热线：（0451）87900271　87900272

销售热线：（0451）87900202　87900203

开　　本：880mm×1230mm　1/32　印张：5.5　字数：123 千字

版　　次：2025 年 3 月第 1 版

印　　次：2025 年 3 月第 1 次印刷

书　　号：ISBN 978-7-5484-8442-4

定　　价：58.00 元

凡购本社图书发现印装错误,请与本社印制部联系调换。

服务热线：（0451）87900279

前　言

在全球文化日益交融与多元化的宏大背景下,世界宛如一个绚烂多彩的文化万花筒,各种文化相互辉映,共同编织着人类文明的多样图谱。中华文化,作为世界上最古老、最连续不断的文化之一,以其独特的哲学思想、艺术美学、道德观念和社会制度,展现了无与伦比的魅力与价值,成为全人类共同的精神财富。随着全球化的深入发展,中华文化的深厚底蕴和丰富内涵,不仅吸引了越来越多的国际目光,也成了促进国际交流与理解的重要桥梁。然而,在这个信息爆炸、节奏飞快的数字化时代,人们的生活方式、学习模式乃至价值观念都发生了深刻变化。快速的生活节奏和碎片化的信息接收方式,使得人们往往难以静下心来深入品味传统文化的精髓,那些承载着历史智慧、人文情怀与审美追求的文学经典之作,面临着被边缘化甚至遗忘的风险。在此背景下,如何在现代社会中保持并弘扬传统文化的生命力,让年轻一代能够主动拥抱并传承这份宝贵的文化遗产,成了一个亟待解决的问题。大学语文作为高等教育体系中不可或缺的一环,其意义远不只是语言文字的学习与运用。它是一座桥梁,连接着过去与未来、传统与现代,让学生在学习经典文学作品的过程中,不仅能够提升语言表达能力,更重要的是能够深刻理解中华文化的精神内核,培养对文学的鉴赏力与审美情趣。通过大学语文的教学,可以引导学生穿越时空,与古代先贤对话,感受千年文化的温度,从而在心灵深处种下文化的种子,激发他们对中华优秀传统文化的兴趣与热爱。

本书内容共有古典文学与国学魅力、当代文学与文化探索、影视文学与创作和写作能力塑造与成果展现四大模块。四大模块分为六章,第一章至第四章深入探索从《诗经》到唐诗宋词元曲的古典文学魅力,莫言、余华等当代作家的文学贡献与性别视角写作,散文与小说的探索;第五章至第六章则聚焦于影视文学的艺术特征、跨文化改编及写作实践,包括创意写作原则、文体规范、灵感构思等,旨在全面提升读者的文学素养与创作能力。

目　　录

模块一　古典文学与国学魅力

第一章　诗词歌赋与传统文化

第一节　《诗经》情怀

一、家国情怀

《诗经》中的家国情怀是其核心主题之一,《小雅·采薇》便是典型代表。该诗以戍边将士的视角,细腻而深刻地描绘了军旅生涯的艰辛与不易,以及内心深处对故土的深深眷恋和对和平生活的无限向往。诗人巧妙地运用"不遑启居""不遑启处"等凝练而富有表现力的词句,生动刻画了将士们在边疆守卫时,因战事频繁、任务繁重而难以得到片刻安宁的生活状态。这些词语不仅传达了军事生活的紧张与困苦,更深刻揭示了将士们为了国家安宁、人民幸福,甘愿牺牲个人安逸,忍受长期离家之苦的高尚情操。《小雅·采薇》中的家国情怀,不仅是对个体命运的悲叹,还是对集体责任与使命的颂扬。它展现了古代士兵在艰苦环境中,依然保持对国家的忠诚与热爱,以及对和平生活的深切渴望。这种情感超越了个人层面的思乡之情,升华为一种更为宏大的社会责任感和历史使命感。

二、亲情与友情

《诗经》作为中国古代文学的瑰宝，其情感表达的广度与深度均令人叹为观止，其中亲情与友情的描绘尤为突出，成为研究古代社会伦理观念与民族传统美德的重要窗口。在《诗经》的众多篇章中，《小雅·棠棣》以其深刻而细腻的笔触，展现了家庭内部成员间复杂而真挚的情感纽带，尤其是兄弟情谊的微妙与坚韧。"兄弟阋于墙，外御其侮"这一经典诗句，不仅是对兄弟间日常相处中难免产生的摩擦与争执的客观描述，更是对在外患面前兄弟同心、其利断金的团结精神的颂扬。此句通过鲜明的对比，深刻揭示了亲情与友情在关键时刻所展现出的强大凝聚力与向心力，体现了古代社会对家庭和睦、兄弟情深的高度重视。《小雅·棠棣》中的这种亲情与友情的描绘，不仅是对古代家庭伦理观念的生动反映，更是中华优秀传统文化中重视家庭和谐、倡导团结互助价值观的具体体现。它告诉我们，尽管在日常生活中，家庭成员间或许会有意见不合、争执不休的时候，但一旦面临外部威胁或挑战，那份血浓于水的亲情与深厚的友情便会成为最坚实的后盾，激励人们携手共进，共同抵御风雨。

三、爱情与婚姻

《诗经》中的爱情诗，以其独特的美学魅力和深邃的情感内涵，跨越千年的时空界限，依旧触动着人们内心最柔软的部分。以《周南·关雎》为例，该诗以春天生机勃勃的自然景象与水边静谧柔美的环境为背景，通过"窈窕淑女，君子好逑"这一经典表述,勾勒出一幅纯洁无瑕、清新脱俗的爱情画卷。诗人运用细腻而富有象征意义的笔触,将淑女的温婉娴静与君子的温文尔雅相结合,展现了古代人民对于理想爱情模式的向往与追求,同时也透露出中华优秀传统文化中对于情感交流纯真性的高度重视。进一步地,《诗经》中的婚姻诗则更为深入地揭示了古代社会对婚姻关系的深刻认知与规范期待。如《邶风·谷风》中的"宴尔新昏,如兄如弟",不仅表达了对新婚夫妇和谐美满生活的祝福,更强调了夫妻间应如同兄弟姐妹般相互尊重、和睦相处的理想婚姻状态。这种观念反映了古代社会对于婚姻关系的伦理要求,即婚姻不仅是个人情感的归宿,还是社会稳定与家族延续的重要基石。

四、社会关怀与民生关注

《诗经》作为中国古代文学的瑰宝,其诗篇内容广泛而深刻,不仅涵盖了个人情感的细腻抒发,还以宏大的笔触触及社会生活的各个层面,展现了诗人对社会现实的深切关怀与敏锐洞察。以《豳风·七月》为例,该诗以其翔实而生动的描绘,为我们勾勒出一幅周代农耕社会生活的全景图。从春耕夏耘到秋收冬藏,诗人以时间为轴,细腻地刻画了农民们终年劳作、不辞辛劳的艰辛生活状态,展现了他们与自然环境的紧密依存关系,以及在恶劣条件下顽强生存的坚韧精神。《豳风·七月》不仅是对农业生产活动的客观记录,更是诗人对劳动者的深沉同情与人道主义精神的集中体现。诗人以第一人称的口吻,将自身融入农民之中,感受他们的喜怒哀乐,从而使得诗篇情感真挚、感人至深。这种对社会关怀与民生关注的情怀,彰显了诗人强烈的社会责任感与担当精神。他们不仅关注个体的命运，还将目光投向广阔的社会现实，试图通过诗歌的力量，唤起人们对底层劳动者的生活状态的关注与思考。此外，《豳风·七月》所展现的现实主义风格，也为后世文学创作提供了宝贵的传统与范例。它启示后来的文人墨客，文学创作应紧密联系实际，反映社会现实，关注民生疾苦，从而赋予文学作品更加深厚的社会意义与历史价值。

五、道德伦理与人生哲理

《诗经》作为中国古代文学的经典之作，其诗篇不仅蕴含了丰富的情感表达，更深刻地体现了道德伦理的坚守与人生哲理的探寻。在《魏风·伐檀》中，诗人以犀利的笔触对不劳而获的社会现象进行了批判，表达了对勤劳、公正价值观的颂扬。这不仅是对当时社会风气的反映，也是对道德伦理原则的一种坚守与弘扬。同样，《小雅·蓼莪》通过对孝顺父母的深情呼吁，展现了中华民族传统的孝道文化，强调了家庭伦理中的敬爱与责任。

而《卫风·淇奥》中的"有匪君子，如切如磋，如琢如磨"，则借玉石雕琢的比喻，形象地阐述了君子修养与品德提升的过程，强调了持之以恒、精益求精的人生态度，为后人提供了关于人格塑造与道德完善的宝贵启示。

六、自然情怀与审美追求

在《周南·桃夭》中，"桃之夭夭，灼灼其华"的描绘，不仅展现了春天桃花盛开的绚烂景象，更以桃花之艳比喻人生之美,寄托了诗人及广大民众对美好生活的无限向往与热烈追求。此句以其生动的意象、浓郁的情感,成为后世文学中描绘春天美景与人生欢愉的经典范式。进一步地,《诗经》中的自然描绘并非仅仅停留在对景物外在形态的简单再现,而是往往与自然情感、人生哲理相融合,形成深邃的意境与丰富的情感表达。如《秦风·蒹葭》中的"蒹葭苍苍,白露为霜",诗人以秋日蒹葭的苍茫与白露的清冷,营造出一种凄清而幽远的氛围,巧妙地烘托了对意中人遥不可及的思念之情。这种借自然景物抒发内心情感、营造意境的手法,不仅展现了诗人对自然美的敏锐感知与深刻领悟,也体现了中国古代文学中"情景交融"的艺术传统。《诗经》中的自然情怀与审美追求,不仅丰富了古代文学的表现手法,更为后世文学创作提供了取之不尽的审美资源与灵感源泉。

七、历史记忆与文化传承

《诗经》中历史记忆与文化传承的价值具有不可估量的重要性。这部跨越千年的文学巨著,不仅是一部生动记录古代社会风貌与人民生活状态的史诗,还是一座承载着中华优秀传统文化与精神追求的宝库。它以其独特的艺术魅力和丰富的历史内涵,成为连接古代与现代、传承与创新的重要桥梁。通过深入研读《诗经》,我们能够窥见古代社会的历史脉络与文化变迁。诗中的描绘不仅涉及政治、经济、军事等社会生活的各个方面,还深刻反映了古代人民的价值观、道德观以及审美追求。这些珍贵的历史记忆,为我们还原了一个生动而真实的古代世界,使我们得以更好地理解那个时代的文化背景与社会环境。同时,《诗经》作为中华优秀传统文化的重要载体,其传承与发展对于维护民族文化认同、弘扬民族精神具有深远的意义。诗中所蕴含的爱国情怀、道德伦理、人生哲理以及审美追求,都是中华优秀传统文化宝库中的瑰宝,对于后世的文化建设与社会发展具有不可替代的启示作用。

第二节　唐诗风范

一、唐诗的多样化的诗歌体裁

唐诗体裁之丰富多样,既可见到古朴盎然的古体诗,亦能领略到格律严谨、形式工整的近体诗,两者交相辉映,共同构建了唐诗艺术的璀璨篇章。古体诗,诸如《长歌行》《短歌行》等佳作,承袭了先秦汉魏以来的诗歌传统,以其自由奔放的韵律和深情厚意的表达,充分展现了诗人内心深处的真实感受与独特情怀。这类诗作往往不拘泥于固定的格式和韵脚,而是随情而发,肆意挥洒,使得诗人的情感得以淋漓尽致地宣泄,读来令人动容。相较于古体诗的豪放不羁,近体诗则以其工整的格律和精练的语言,彰显了诗人高超的艺术造诣和深厚的文学功底。五言绝句、七言律诗等近体诗形式,对仗工整,音韵和谐,每一字、每一句都经过精心雕琢,力求达到言简意赅、意境深远的艺术效果。这种对形式和内容的双重追求,不仅体现了唐代诗人对诗歌艺术的极致探索,也为后世诗歌创作树立了典范。

唐诗体裁的多样化,为诗歌的艺术表达提供了广阔的空间和无限的可能。无论是古体诗的奔放豪情,还是近体诗的精致典雅,都使得唐诗能够承载更为丰富的内容和情感,展现出多姿多彩的艺术风貌。

二、唐诗的思想内容

(一) 强烈的爱国情怀

在唐代,诗歌不仅是文人墨客抒发个人情感的载体,更成为诗人们表达爱国情怀与关注国家命运的重要武器。杜甫的《春望》便是这一倾向的杰出代表。诗中,"国破山河在,城春草木深"这一千古名句,以极其凝练的语言和深邃的意境,深刻揭示了诗人对国家破败、山河依旧而人事已非的哀痛之情,以及对民族命运前途未卜的深深忧虑。这种将个人情感与国家兴亡紧密相连的诗歌表达,不仅展现了杜甫作为一位伟大诗人的责任感与使命感,更体现了唐代诗歌在反映社会现实、抒发爱国情怀方面的独特魅力。与王昌龄的《出塞》相比,后者则以一种更为宏大壮阔的视角,展现了诗人对国家边疆安全的深切关切。诗中通过对边塞风光的描绘,构建了一幅辽阔而苍茫的边塞画卷。同时,诗人通过对将士们英勇事迹的颂扬,如"但使龙城飞将在,不教胡马度阴山",表达了对边疆将士们英勇无畏、保家卫国的崇高敬意。这种将个人情感融入国家边疆安全的诗歌表达,不仅彰显了王昌龄的爱国情怀与民族自豪感,更体现了唐代诗歌在弘扬爱国主义精神、鼓舞民族士气方面的积极作用。

（二）丰富的社会生活描绘

白居易的《卖炭翁》便是社会生活主题中极具代表性的作品。诗人以卖炭老人为题材，通过细腻入微的笔触，描绘了老人伐薪烧炭、冒雪贩卖的艰辛生活。诗中"满面尘灰烟火色，两鬓苍苍十指黑"之句，生动展现了老人饱经风霜、生活困苦的形象，进而揭露了当时社会的不公与黑暗，体现了诗人对底层民众深切的同情与人文关怀。与之形成鲜明对比的是，王维的《山居秋暝》则为我们呈现了一幅田园生活的宁静美好画卷。诗人以辋川别墅为背景，通过描绘山水田园的优美景色和闲适自在的生活状态，表达了自己对理想生活的向往与追求。诗中"明月松间照，清泉石上流"之句，意境清新淡雅，透露出诗人超脱尘世、寄情山水的情怀，以及对和谐宁静生活的渴望。这些诗歌不仅为我们提供了珍贵的历史资料，让我们得以窥见古代社会的真实面貌，更展现了诗人们对社会现实的深刻洞察和人文关怀。它们以诗歌的形式，记录着历史的变迁，传达着人性的光辉，成为后世研究古代社会、理解诗人情感的重要窗口。

三、唐诗的审美追求

（一）自然之美

诗人们以细腻的笔触为笔，以生动的意象为墨，精心勾勒出一幅幅大自然的壮丽画卷与柔美景致，展现了山川湖海的雄浑磅礴与花鸟虫鱼的细腻温婉。这种对自然美的艺术再现，不仅是对大自然客观存在的直观反映,更是诗人内心情感与审美理想的深刻表达。在唐诗中,自然美被赋予了丰富的文化内涵与象征意义。诗人们通过对自然景物的描绘,寄托了自己对大自然的热爱与敬畏之情,体现了人与自然和谐共生的哲学思考。如杜甫的"会当凌绝顶,一览众山小",不仅描绘了泰山的雄伟壮观,更透露出诗人对自然的崇敬与向往;王维的"明月松间照,清泉石上流",则以静谧清幽的自然景象,传达出诗人内心的宁静与超脱。这种对自然美的追求,与中华民族崇尚自然、追求和谐的审美观念不谋而合。在中华文化传统中,自然被视为生命的源泉与精神的归宿,人与自然被视为一个不可分割的整体。唐诗中对自然美的描绘与赞美,正是这种审美观念的生动体现,它激励着人们去欣赏自然、感悟自然,进而在自然的怀抱中寻找心灵的慰藉与精神的升华。

(二)含蓄之美

诗人们并不直接抒发情感或叙述思想,而是巧妙地运用暗示、象征等修辞手法,将深邃的情感与哲思寓于字里行间,使得诗歌的表达委婉曲折、意蕴丰富,充满了韵味与张力。这种含蓄之美,首先体现在诗人对情感的克制与隐藏上。他们并不轻易将情感直接袒露,而是通过细腻的景物描绘、巧妙的情境设置,来引发读者的共鸣与联想。如杜甫的"感时花溅泪,恨别鸟惊心",以花鸟拟人,含蓄地表达了诗人对战乱时期国家破败、人民疾苦的深切哀痛。诗人们常常选取具有特定文化内涵的意象,如明月、落花、归雁等,来象征某种情感或思想,使得诗歌的表达更加抽象而深远。如李白的"举头望明月,低头思故乡",以明月象征故乡,委婉地表达了诗人对家乡的深切思念。这种含蓄之美,不仅增强了诗歌的艺术感染力,使得诗歌在有限的篇幅内蕴含了无限的情感与思想,更体现了中华民族内敛、深沉的民族性格。在中华文化传统中,含蓄被视为一种美德,它要求人们在表达情感与思想时保持克制与矜持,以更加委婉、优雅的方式与他人交流。

(三)意境深远

诗人们以卓越的艺术才华,通过细腻入微的景物描绘与深情厚意的情感抒发,匠心独运地构建出一个个超越文字本身的独特诗歌意境。这些意境如同一个个精妙的艺术空间,引领着读者穿越时空的界限,沉浸于诗歌所营造的深远意蕴之中。在意境营造的过程中,诗人们往往借助自然景物作为载体,通过巧妙的组合与排列,使得景物之间产生出一种微妙的关联与呼应,从而形成一种超越现实的、具有象征意义的艺术世界。如王维的"空山新雨后,天气晚来秋",以空山、新雨、晚秋等景物,营造出一种宁静致远、淡泊明志的意境,让读者在品味中感受到一种超脱尘世的悠然自得。同时,诗人们还善于将个人情感融入意境之中,使得意境成为情感与景物相互交融的产物。这种情感的融入,不仅丰富了意境的内涵,也提升了诗歌的感染力。唐诗的意境营造,不仅丰富了诗歌的内涵和层次,使得诗歌成为一种具有深远意蕴的艺术形式,更提升了读者的审美体验和人生感悟。在阅读唐诗的过程中,读者能够感受到一种超越文字本身的震撼与启迪,从而更加深刻地理解人生、感悟世界。

（四）情感真挚

诗人们往往将个人的悲欢离合、仕途沉浮、家国情怀等复杂情感，巧妙地融入对自然景物的描绘、历史典故的引用或日常生活场景的刻画之中。如李白以"举杯邀明月，对影成三人"表达孤独之时的自我慰藉，杜甫则以"安得广厦千万间，大庇天下寒士俱欢颜"流露出对民生疾苦的深切关怀。这些诗句，无不透露出诗人们真挚而深沉的情感世界，让读者在阅读时仿佛能触摸到诗人的脉搏，感受到他们情感的起伏与波动。正是这种情感真挚的表达方式，使得唐诗超越了时空的限制，成为连接古今、沟通心灵的纽带。读者在阅读过程中，不仅能够领略到诗歌的艺术魅力，更能在情感的共鸣与共情中，获得对人生、社会、历史的深刻感悟，从而实现心灵的净化与升华。

第三节　宋词韵味

一、音韵美：词牌格律与音乐性的融合

（一）词牌格律的严谨性

宋词作为中国文学史上的瑰宝，以其独特的艺术魅力和深厚的文化底蕴，赢得了后世无尽的赞誉。在宋词的艺术体系中，词牌格律的严谨性构成了其创作的基础与核心。词牌，作为宋词的格式规范，不仅规定了每首词的字数、句式结构，还严格界定了韵脚的分布与平仄的运用，从而确保了词作在形式上

的高度统一与和谐。每种词牌都有其独特的字数要求和句式排列，这是词牌格律严谨性的直接体现。

（二）音乐性的体现

宋词的音乐性，是其艺术魅力的重要组成部分，也是其区别于其他文学体裁的显著特征。宋词原本是为配合音乐演唱而创作的，因此，其音韵美与音乐性的紧密结合，成为宋词艺术的一大特色。宋词在创作过程中，词人往往注重词作的音韵与音乐旋律的契合。他们不仅追求文字本身的音韵美，更致力于使词作能够配乐演唱，达到"词中有乐，乐中有词"的艺术境界。词人在构思时，会考虑到音乐的节奏、旋律走向，以及音高的变化，从而巧妙地安排词句，使词作的音韵与音乐的旋律相得益彰。这种融合，不仅增强了词作的音乐性，也使得词作在演唱时能够更加生动、感人，给人以深刻的审美体验。宋词的音乐性，还体现在其能够通过音乐效果来强化情感表达，实现情与声的交融。不同的词牌，因其音乐性的差异，适合表达的情感也各不相同。如《菩萨蛮》词牌，其旋律柔美、细腻，适合抒发缠绵悱恻、哀婉动人的情感；而《满江红》则以其激昂、壮阔的旋律，适合表现英雄气概和壮志未酬的悲愤。词人通过选择合适的词牌，并结合音乐的特点进行创作，使得词作在演唱时能够准确传达出特定的情感，引起听众的共鸣，达到情感与音乐效果的完美统一。

二、意境构造:画面感与象征性的结合

(一)画面感的细腻营造

宋词在画面感的营造上,展现了词人高超的艺术造诣。词人通过精准的词语选择和生动的语言描绘,将自然景物、人物情感以及生活场景刻画得栩栩如生,使读者在阅读时仿佛能够穿越时空,置身于词中所描绘的世界。这种画面感的营造,主要体现在以下几个方面:词人善于捕捉自然景物的细微之处,通过细腻的笔触将其描绘得生动可感。如描写春天的繁花似锦,秋天的落叶纷飞,或是夜晚的月光如水,都通过精准的词语和生动的比喻,使读者能够清晰地感受到词中所描绘的景象,从而产生强烈的视觉冲击力。在宋词的画面中,情感与景物往往紧密相连,相互映衬。词人通过将自己的情感融入景物之中,使得景物不仅仅是自然的存在,更成为情感的载体。这种交融,使得词作在表达情感时更加含蓄而深沉,同时也增强了画面的感染力,使读者在阅读时能够深刻感受到词人的情感波动。

(二)象征性的深层表达

除了直接的画面描绘外,宋词还善于运用象征手法来表达深层的情感和意蕴。象征,作为一种重要的文学修辞手法,通过选取具有特定象征意义的意象或事物,来寄托词人的情感或抒发对人生、社会的感悟。在宋词中,象征性的运用主要体现在以下几个方面:词人常常选取具有特定象征意义的意象,如

梅花象征高洁与坚韧,柳丝象征离别与思念,月亮象征团圆与寂寞等。这些意象在词作中反复出现,不仅丰富了词作的意象体系,更通过其象征意义,深化了词作的主题和情感。如辛弃疾的《青玉案·元夕》中,"东风夜放花千树,更吹落,星如雨"一句,以璀璨的烟火象征短暂而绚烂的美好时光,表达了词人对逝去青春的怀念和对美好生活的向往。在宋词中,词人还常常通过象征手法来抒发复杂的情感。如苏轼的《江城子·乙卯正月二十日夜记梦》中,"十年生死两茫茫,不思量,自难忘"一句,通过"生死两茫茫"的象征性表达,抒发了词人对亡妻深深的思念和无尽的哀伤。这种象征性的抒发,使得词作在情感表达上更加含蓄而深沉,同时也给读者留下了广阔的想象空间,使得词作的艺术魅力得以无限延伸。

三、情感表达:细腻与深刻的交融

(一)细腻的情感描绘

宋词在情感描绘上的细腻,体现在词人能够敏锐地捕捉到内心世界的每一个细微波动,并通过精练而富有表现力的语言,将其转化为具体可感的艺术形象。词人善于从日常生活的琐碎中提炼出情感的精华,将那些看似平凡却又充满情感张力的瞬间定格在词句中。如柳永的《雨霖铃》中,"执手相看泪眼,竟无语凝噎",通过描绘离别时恋人之间相视无言、泪水涟涟的场景,细腻地表现了离愁别绪的深沉与无奈。为了更生动地描绘情感,词人常常借助比喻、拟人等修辞手法,将情感赋予自然景物或抽象概念以生命,使其成为情感的载体。如秦观的

《鹊桥仙》中,"柔情似水,佳期如梦",以"水"喻"柔情",以"梦"喻"佳期",既表现了爱情的温柔缠绵,又暗示了相聚的短暂与虚幻,情感描绘细腻而富有诗意。

(二)深刻的情感抒发

除了细腻的情感描绘,宋词还以其深刻的情感抒发而著称。词人在对人生、爱情、友情等主题的探讨中,往往能够超越表面的情感表达,深入人性的本质层面,揭示出生命的真谛与社会的复杂。宋词中不乏对人生哲理的深刻思考。词人通过词作,表达了对生命短暂、世事无常的感慨,以及对理想与现实之间矛盾的深刻认识。如苏轼的《念奴娇·赤壁怀古》中,"人生如梦,一尊还酹江月",既表达了对历史英雄的敬仰,也流露出对人生短暂、世事无常的感慨,体现了词人对人生哲理的深刻洞察。宋词不仅关注个人情感的抒发,也勇于对社会现实进行深刻批判。词人通过词作,揭露了社会现实,表达了对民生疾苦的关切与同情。如辛弃疾的《破阵子·为陈同甫赋壮词以寄之》中,"醉里挑灯看剑,梦回吹角连营",既表现了词人的英雄气概与报国志向,也暗含了对南宋朝廷昏庸无能、边患不断的批判与忧虑。

四、文化意蕴:历史背景与人文精神的体现

(一)历史背景的映射

宋代社会风气开放,市民文化繁荣,词作为当时流行的文学形式,自然成为反映社会风气的重要载体。词中不乏对都市

生活、市井百态的描绘，如描写节日庆典的热闹场景，或是市民阶层的闲适生活，都生动地展现了宋代社会的繁荣与活力。同时，词人也通过词作表达了对社会现象的看法与态度，如对奢靡之风的批判、对民生疾苦的关切，都体现了词人对社会的深刻洞察。宋代政治环境复杂多变，词人在创作时也深受其影响。一方面，词作中不乏对朝廷政事的关注与议论，如对国家兴衰的忧虑、对边疆战事的关切，都反映了词人的爱国情怀与忧国忧民之心。另一方面，政治环境的动荡也促使词人寻求精神上的慰藉与寄托，词中常有对隐逸生活的向往、对自然美景的赞美，体现了词人在乱世中的心灵归宿与追求。

（二）人文精神的彰显

宋词不仅是对宋代社会历史的记录，更是对人性关怀的深刻抒发。词人在创作时，往往关注人的内心世界和情感体验，强调人的尊严与价值，展现了深厚的人文精神。宋词以其细腻的情感描绘而著称，词人通过词作表达了对人生、爱情、友情等主题的深刻思考。他们或抒发离愁别绪的哀婉，或描绘爱情的甜蜜，或感慨人生无常的哲理，都体现了词人对人性情感的深刻洞察与细腻描绘。这种对情感世界的关注与表达，不仅丰富了宋词的艺术内涵，也使其成为人性关怀的重要载体。在宋词中，词人往往强调人的尊严与价值，表达了对美好生活的追求与向往。他们通过词作赞美人的智慧与才华，歌颂人的勇敢与坚韧，同时也对社会的不公与压迫表示不满与反抗。这种对人性尊严与价值的强调，体现了词人的人文关怀与批判精神，也使得宋词在文学史上具有极高的地位与价值。

五、艺术手法：多样性与创新性的统一

（一）多样性的表现手法

词人善于运用各种修辞手法，如比喻、拟人、夸张、借代等，来增强词作的表现力，使得情感表达更加生动、形象。同时，他们还通过对比、烘托、象征等手法，巧妙地营造意境，抒发情感，使得词作在艺术上达到了极高的境界。在宋词中，比喻、拟人、夸张等修辞手法被广泛应用。词人通过这些手法，将抽象的情感具象化，将平凡的事物赋予生命与情感，使得词作充满了生动的画面感和强烈的感染力。如苏轼的《水调歌头》中，"明月几时有？把酒问青天"，以"青天"为喻，形象地表达了词人对人生哲理的深刻思考；又如李清照的《如梦令》中，"知否？知否？应是绿肥红瘦"，以"绿肥红瘦"来拟人化地描绘春天的景象，既生动形象又富有诗意。宋词中的意境营造与情感抒发，往往通过对比、烘托、象征等手法来实现。词人通过巧妙的构思和布局，使得词作在情感表达上更加深沉、含蓄，同时也给读者留下了广阔的想象空间。如辛弃疾的《青玉案·元夕》中，"众里寻他千百度，蓦然回首，那人却在，灯火阑珊处"，通过对比与烘托的手法，营造了一种寻觅与发现的意境，深刻表达了词人对理想爱情的执着追求。

（二）创新性的艺术探索

除了多样性的表现手法外，宋词还体现了词人在艺术上的创新性探索。宋代词人不断突破传统的诗歌创作模式，尝试新

的题材、新的形式和新的表现手法,使得宋词在文学上焕发出了新的生机与活力。在宋词中,词人不仅继承了传统诗歌的题材与形式,更进行了大胆的创新。他们关注现实生活,将市井百态、人生哲理、爱情友情等题材融入词作之中,使得宋词在内容上更加丰富多彩。同时,他们还尝试了新的词牌和格式,如长调、慢词等,为宋词的创作提供了更多的可能性。在表现手法上,宋代词人也不断进行探索与创新。他们注重语言的精练与韵律的和谐,追求词作的意境美与情感真。如秦观的《浣溪沙》中,"自在飞花轻似梦,无边丝雨细如愁",以细腻的笔触描绘了春天的景象,同时又将情感融入其中,使得词作在审美上达到了极高的境界。这种对表现手法与审美追求的不断创新,不仅推动了宋代文学的发展,也为后世文学的创作提供了宝贵的借鉴和启示。

第四节　元 曲 风 情

一、元曲的艺术形式

（一）杂剧

杂剧,作为元曲的重要组成部分,是一种集唱、念、做、打于一体的综合性舞台艺术。它不仅继承了前代戏曲艺术的精华,更在结构、情节和角色分工上进行了大胆的创新性发展。元杂剧的结构通常分为四折一楔子,这种结构形式既保证了剧情的连贯性,又使得每折戏都能有相对独立的情节发展。这种严谨的结构设计,不仅便于观众理解和接受,也为演员的表演提供了清晰的框架。元杂剧的情节往往紧凑而富有张力,通过矛盾冲突和情节转折,展现人物性格和命运变迁。这种情节设计不仅增强了戏剧的吸引力,也使得观众能够在有限的演出时间内,获得丰富的情感体验。元杂剧中的角色分工非常明确,包括生、旦、净、末、丑等行当,每个行当都有其独特的表演风格和角色定位。这种明确的角色分工,不仅使得演员能够充分发挥自己的表演才能,也为观众提供了多样化的审美体验。杂剧作为元曲的重要组成部分,以其综合性、严谨性和创新性,为元曲艺术的发展奠定了坚实的基础。

(二)散曲

散曲,是元曲中另一种重要的艺术形式,它与杂剧相辅相成,共同构成了元曲艺术的多元风貌。散曲包括小令和套曲两种形式,具有抒情性强、语言自由活泼的特点。散曲作为一种与音乐紧密结合的诗歌形式,其抒情性得到了极大的强化。曲作者通过细腻的笔触和生动的描绘,将内心的情感世界展现得淋漓尽致。无论是抒发离愁别绪、相思之苦,还是表达欢乐喜悦、人生感悟,散曲都能够以其独特的抒情方式触动人心。散曲的语言风格自由活泼,不受格律的严格束缚。曲作者可以根据情感表达的需要,灵活运用各种修辞手法和语言表达方式,使得散曲在形式上更加灵活多变,在内容上更加丰富多彩。散曲以其抒情性和自由性,为元曲艺术注入了新的活力。它与杂剧的结合,使得元曲在艺术形式上更加多元化,既能够展现复杂的情节与人物关系,又能够抒发深沉的情感与哲理思考。这种结合不仅丰富了元曲的艺术内涵,也提升了其审美价值。

二、元曲的语言风格

(一)口语化的表达方式

元曲在语言运用上的一大创新,便是大量采用口语化的表达方式。这种语言风格的选择,不仅是对传统文学语言的一次大胆突破,更是元曲艺术贴近民众、反映生活的重要体现。元曲中的词语和句式,大量来源于日常生活,如"兀的不""可怎生"等口语词的频繁出现,使得元曲的语言显得亲切自然,易于被广大民众接受和理解。这种语言风格的选择,不仅降低了文学作品的阅读门槛,也极大地增强了元曲的传播力和影响力。在口语化的基础上,元曲还善于运用比喻、拟人、夸张等修辞手法,使得词作更加生动形象。如通过比喻将抽象的情感具象化,或通过拟人赋予无生命之物以人的情感和行为,或通过夸张强化表达效果,这些修辞手法的运用,既丰富了元曲的语言表现力,也使其更加富有感染力和艺术魅力。口语化的表达方式,使得元曲在保持文学性的同时,也具备了强烈的现实性和生活气息。它像一面镜子,真实地反映了元代社会的风貌和人民的生活状态,为后世留下了宝贵的历史文化资料。

(二)真挚的情感表达

元曲在情感表达上的真挚与深沉,是其艺术魅力的另一重要来源。曲作者通过细腻的笔触和生动的描绘,将内心的情感世界毫无保留地展现给读者,使得元曲在情感层次上达到了极

高的艺术境界。元曲中的情感表达涵盖了人生的各个方面,从
离愁别绪、相思之苦到欢乐喜悦、人生感悟,无所不包。曲作者
通过不同的题材和角度,深入挖掘人类情感的丰富性与多样
性,使得元曲在情感表达上显得厚重而深邃。元曲中的情感表
达,往往真挚而深沉,曲作者通过细腻的笔触和生动的描绘,将
内心的情感世界展现得淋漓尽致。无论是对于爱情的执着追
求,还是对于人生无常的深刻感悟,曲作者都能够以其独特的
笔触将其描绘得栩栩如生、触动人心。这种真挚的情感表达,
不仅使得元曲在情感层次上更加丰富深厚,也使得读者在阅读
过程中能够产生强烈的共鸣和情感体验。真挚的情感表达,是
元曲艺术魅力的重要组成部分。它像一股清泉,滋润着读者的
心田,使得元曲在文学史上留下了不可磨灭的印记。

三、元曲的题材内容

(一)历史传奇与神话传说的再现

元曲中,历史传奇与神话传说的再现,是元代文学对传统
文化的一种传承与发扬。这类题材内容,往往以历史事件或神
话传说为蓝本,通过艺术加工和再创造,将其转化为具有浓厚
文学色彩和艺术魅力的戏剧作品。元曲中的历史传奇与神话
传说,往往承载着丰富的历史文化信息。如关汉卿的《窦娥
冤》,虽然是以虚构的故事情节为主,但其背后却反映了元代
社会的法律制度、道德观念以及人民对于公平与正义的追求。
这类作品在娱乐民众的同时,也起到了传承历史文化、弘扬传
统美德的作用。在历史传奇与神话传说的再现过程中,元曲作

家们并非简单地复述故事,而是根据时代背景和审美需求,进行了大胆的艺术创新。他们通过改编故事情节、塑造鲜明人物、运用丰富语言等手段,使得这些古老的故事焕发出新的生命力。如《窦娥冤》中窦娥形象的塑造,就以其独特的悲剧魅力和深刻的社会意义,成为中国文学史上的经典形象。历史传奇与神话传说的再现,不仅展现了元曲作家们对传统文化的深厚底蕴和精湛技艺,也体现了他们对艺术创新的不断追求和探索。

(二)现实生活与民间故事的反映

元曲中,现实生活与民间故事的反映,是元代文学与人民生活紧密相连的重要体现。这类题材内容,往往以人民的生活实际和情感体验为素材,通过生动的情节和细腻的情感描绘,展现了元代人民的生活状态和内心世界。元曲中的现实生活题材作品,往往以细腻的笔触描绘了元代人民的生活场景和风俗习惯。如白朴的《墙头马上》,通过青年男女的爱情故事,展现了元代社会的生活风貌和人们的情感世界。这类作品不仅具有鲜明的时代特色,也充满了浓厚的生活气息,使得观众在观看时能够产生强烈的代入感和共鸣。元曲中的民间故事题材作品,往往以人民群众的情感体验为核心,通过曲折的情节和深刻的主题,表达了人民对于美好生活的向往和追求。如《墙头马上》中的爱情故事,就以其真挚的情感和美好的结局,满足了人们对于爱情和幸福的渴望。这类作品在娱乐民众的同时,也起到了慰藉心灵、传递正能量的作用。现实生活与民间故事的反映,不仅展现了元曲作家们对人民生活的深刻洞察和细腻描绘,也体现了他们对民众情感的深切关怀和积极回应。这类题材内容的作品,往往能够跨越时空的界限,与不同时代的观众产生情感上的共鸣和心灵上的交流。

四、元曲的文化价值

(一)民族融合的见证

元曲,作为元代文学的代表之一,不仅继承了汉族文化的深厚底蕴,更在与其他民族文化的交融中,展现出了独特的艺术魅力和文化特色。元曲在创作过程中,广泛吸收了少数民族的音乐、舞蹈、服饰等元素,使得其作品在保持汉族文化精髓的同时,又融入了其他民族的文化特色。例如,元曲中的音乐元素就深受蒙古族、回族等少数民族音乐的影响,形成了独特的音乐风格和节奏韵律。这种多元文化的融合,不仅丰富了元曲的艺术表现形式,也使其成为民族融合的重要见证。元曲中的民族融合,不仅仅是形式上的交融,更是文化认同的构建。通过元曲,不同民族的人民能够共同欣赏和体验彼此的文化,增进相互之间的了解和尊重。这种文化认同的构建,对于促进民族团结和社会和谐具有重要意义,也为后世留下了宝贵的文化遗产。元曲作为民族融合的见证,不仅展现了元代社会的多元文化风貌,也体现了中华民族包容并蓄、和谐共生的文化理念。

(二)文化交流的桥梁

元曲不仅在中国文学史上占据着举足轻重的地位,更以其独特的艺术形式和丰富的文化内涵,成为中外文化交流的重要桥梁。元曲的传播与影响,远远超出了中国的范围,对东亚乃至世界文学都产生了深远的影响。元曲在日本和韩国等国家都有借鉴或模仿的戏曲形式,如日本的"能乐"、韩国的"唱剧"等,都受到了元曲的影响。这些国家通过借鉴元曲的艺术形式和表演技巧,发展出了具有本国特色的戏曲艺术,从而促进了东亚地区文学艺术的交流与融合。元曲的独特魅力和文化价值,也吸引了世界各地学者的关注和研究。许多外国学者通过翻译和研究元曲,深入了解了中国的文学和文化,增进了中外文化之间的交流与理解。同时,元曲中的故事情节、人物形象等也被广泛借鉴和改编,成为世界文学宝库中的宝贵财富。元曲作为文化交流的桥梁,不仅促进了不同文化之间的相互了解和友谊,也为世界文学的发展注入了新的活力与内涵。它以其独特的艺术魅力和文化价值,成为连接中国与世界的文学纽带,为后世留下了宝贵的文化遗产和精神财富。

五、元曲的历史影响

(一)文学传承的载体

元曲,作为元代文学的代表之一,不仅继承了前代文学的优秀传统和创新精神,更以其独特的杂剧形式,为后世戏曲演艺形式的发展奠定了坚实的基础。这种文学传承,不仅体现在元曲对前代文学艺术的继承与发扬上,更在于其对后世戏曲艺术的深远影响。元曲在创作过程中,广泛汲取了唐诗宋词等前代文学的精华,继承了其优秀的文学传统和审美追求。同时,元曲作家们又在此基础上进行了大胆的创新和突破,使得元曲在艺术形式、表现手法和思想内涵上都达到了新的高度。这种继承与发扬,不仅使得元曲成为元代文学的瑰宝,也为后世文学提供了宝贵的艺术资源和创作灵感。元曲中的杂剧形式,以其独特的表演方式和艺术风格,对后来的戏曲演艺形式产生了深远的影响。杂剧以其丰富的剧情、鲜明的人物形象和生动的表演形式,吸引了广大观众的喜爱和追捧。这种表演形式的创新和突破,不仅为后世戏曲艺术的发展提供了重要的借鉴和参考,也推动了戏曲艺术的繁荣和发展。元曲作为文学传承的载体,不仅使得其艺术价值得到了延续和发扬,更为后世文学和戏曲艺术的发展提供了坚实的基础和动力。

(二)后世启迪的源泉

元曲以其独特的艺术形式,生动地反映了当时社会的众生百态,打破了以往文学作品多为上层阶级服务的局限,将目光投向了市井百姓的生活。关汉卿的《窦娥冤》,借窦娥含冤受屈的悲惨遭遇,深刻地揭露了社会的黑暗与不公。这种对社会现实的大胆揭示,启迪着后世文人要关注民生,以笔为剑,为社会的正义发声。后世文学创作者在描绘社会图景时,从元曲中汲取力量,学会了用文字为弱势群体代言,让文学作品具有强烈的现实关怀。在文化传承方面,元曲将当时的风俗习惯、语言特色、民间传说等融入其中,为后人研究历史提供了珍贵资料。例如王实甫的《西厢记》,展现了元代的婚恋观念和社会风貌。后世人们通过对元曲的研读,得以穿越时空,触摸历史的脉络,了解古人的生活与思想。这种文化传承的作用,让我们意识到每一个时代的文学作品都是文化传承的重要载体,激励着我们重视对传统文化的保护与传承,从历史中寻找文化的根脉。元曲的艺术表现手法也为后世文学创作提供了诸多借鉴，其语言质朴自然又不失灵动活泼，既有对生活的直接描摹，又有巧妙的修辞运用。后世文学创作在追求语言的精练与意境的营造上，从元曲中获得了灵感，学会运用简洁而富有表现力的语言，创造出独特的艺术境界。

模块二　当代文学与文化探索

第二章　当代文学与文化自信

第一节　莫言小说中的魔幻现实主义

一、魔幻现实主义在莫言小说中的特征

莫言的小说深受魔幻现实主义的影响,这种影响不仅体现在其作品的叙事结构和主题上,更体现在其独特的文学风格和审美追求上。

（一）魔幻与现实的交织

魔幻现实主义的核心特征之一是将魔幻元素与现实世界相融合。莫言的小说中,这种交融表现得尤为突出。例如,在《生死疲劳》中,莫言通过主人公蓝脸的多次转世,将现实生活中的苦难与超自然的轮回相结合,展现了一种独特的魔幻现实主义风格。这种交融不仅使小说充满了奇幻色彩,也深刻揭示了现实生活中的矛盾和冲突。

（二）超自然现象的描绘

莫言小说中经常出现超自然现象,如鬼魂、预言、神秘力量等。这些元素并非无根之木,而是深深植根于中国的传统文化

和民间传说之中。例如,在《丰乳肥臀》中,莫言通过描绘上官鲁氏与各种神秘力量的互动,展现了一种超自然的魔幻现实主义氛围。这些超自然现象的描绘,不仅增强了小说的神秘感和吸引力,也为读者提供了一种独特的审美体验。

(三)对现实的深刻揭示

尽管莫言的小说充满了奇幻色彩,但其核心始终是对现实的深刻揭示。魔幻现实主义手法只是他用来表达现实的一种手段,而非目的。例如,在《红高粱家族》中,莫言通过描绘抗日战争时期的农村生活,展现了人性的复杂和社会的黑暗面。这种对现实的深刻揭示,使得莫言的小说在魔幻与现实之间找到了完美的平衡点。

二、莫言小说中的魔幻现实主义表现手法

莫言在运用魔幻现实主义手法时,展现出了极高的艺术造诣和独特的创新精神。他通过丰富的想象力和精湛的笔触,将魔幻元素与现实世界巧妙地结合在一起,创造出了一系列令人叹为观止的文学形象。

(一)多视角叙事

莫言小说中经常采用多视角叙事的手法,通过不同人物的视角来展现同一个事件或情境。这种手法不仅丰富了小说的叙事层次和结构,也使得读者能够更加全面地了解人物性格和事件发展。例如,在《蛙》中,莫言通过姑姑和蝌蚪两个不同人物的视角来展现政策对人们生活的深远影响。这种多视角叙

事的手法,使得小说在魔幻与现实之间找到了更多的连接点。

(二)时空交错与奇幻情节

莫言小说中经常出现时空交错和奇幻情节,这些元素为小说增添了浓厚的魔幻色彩。例如,在《生死疲劳》中,莫言通过主人公蓝脸的多次转世,将不同时间和空间的情节巧妙地交织在一起,形成了一种独特的叙事结构。这种时空交错与奇幻情节的运用,不仅增强了小说的奇幻色彩,也为读者提供了一种独特的阅读体验。

三、莫言小说中的魔幻主要体现

(一)意象的魔幻

"意象"作为中国古典文学中重要的审美范畴早已有之。春秋时期《易经》有言,立象以尽意,就是说用感性的意象来表达理性的意义。而魔幻现实主义影响之下,莫言的意象已经超越了现实。那些发生在故土上的一切,都被作家用一种不可思议、闻所未闻的方式展现在读者眼前。《透明的红萝卜》中,"红萝卜"是一个普通的意象,但是在某一个特殊时间、特殊地点之下,在黑孩的眼里,却变成一个带有神秘虚幻和童话色彩的红萝卜。这个红萝卜玲珑剔透,有着金色的根须和光芒,并且能够发出幽蓝的光。莫言对这个红萝卜进行魔幻性的塑造,是为了窥探出这个黑孩的隐秘的内心世界,以及在一个残缺的家庭环境和缺失母爱的环境下形成的性格。《红高粱家族》中,红高粱这个意象已经超越了单纯的植物特性,它代表着无拘无束、自由自在,是爷爷奶奶的化身,也是整个中华民族向往自由的化身,是伟大的生命力的化身。

除了植物的意象以外,莫言的小说里还经常出现一些无生命的事物,也突破常规事物属性而体现出魔幻性。《生死疲劳》中,经常会出现月亮这一意象,"他"能够对"我"点点头,还能与"我"进行情感上的交流。莫言营造的这些五花八门、令人眼花缭乱的意象,通过特别的夸张赋予了它们具象之外的特殊寓意,不仅在思想上增加了他的小说内涵,并且在艺术上也形成了真假难辨、虚幻神秘的美学风格,这是区别于以往古典文学的意象使用,同时也是魔幻现实主义手法的本土化表现。

(二)将魔幻现实主义指向本民族的宗教信仰

莫言采取佛家的观念事物来增强作品的神秘性与魔幻性,这在他的《生死疲劳》中有很好的体现:生死轮回,众生在三界中流转,生于六道,循环不已。这部小说是表现土地和农民的关系,却借助佛教的生死轮回进行构造。西门闹是土改时候的地主,享有财富却并无罪恶的他在阴间为自己喊冤,他不断经历着生死的轮回,每次转世成不同的动物。他总是具备同类动物的性格:驴的欢乐与洒脱,狗的忠诚与谄媚,猴的调皮与机敏……就这样,西门闹通过动物的眼睛来观察中国农村半个世纪的变迁。此外,蓝解放等现实中的人物使得小说与现实又有了密切的联系。

(三)中国自古就有的"鬼神"魔幻主义化

其实,在当代作品中也有很多反映鬼神的作品,贾平凹的

《秦腔》《太白山记》,邓友梅的《临街的窗》。但是运用得最好的,还是莫言。莫言深受老乡蒲松龄的影响。比如他的小说《战友重逢》中,"我"返回故乡,遇到已经在对越自卫反击战中身亡的战友钱英豪。他足智多谋、英勇无比,却在未开一枪的情况下成了鬼魂。虽然躯体已经死去,但他仍然能够栖身在河边的柳树上,与"我"展开一段人鬼心灵上的对话。

(四)人物形象魔幻化

莫言的小说中,一些主人公的行为也会体现出魔幻色彩。这种诡异的行为推动了故事的发展,深化了故事情节,比如《檀香刑》中,眉娘爱上了钱丁以后,向巫婆多番软磨硬泡,终于借用到了巫婆的法术——采用两条蛇交尾后的蛇血果从而推动了自己与钱丁的爱情的发展。《生死疲劳》中,蓝解放与庞春苗私奔在外,为了生计去当了演员。蓝解放所接的一场戏是孝子哭母,然而蓝解放的母亲也正好逝世,不知情的蓝解放却忽然感觉好像母亲躺在棺材里面,瞬间泪如雨下。这个诡异的情节成功地反映了母子关系以及蓝解放的孝心。

(五)情节结构魔幻化

魔幻现实主义对作家的一个挑战就是,如何把魔幻融入情节之中,同时又能够反映现实。而莫言的作品大多具有奇幻神秘的色彩,同时将故事深化到更具体的民俗区域之中,突破时空的局限,从而深化主旨。《檀香刑》中,孙丙、钱丁、眉娘的悲惨结局早就有暗示,当钱丁前往某官员那里为孙丙说情时,吃饭摔倒,走路摔倒,就连骑马也会摔倒,并且官帽也掉进了臭水沟里,但钱丁仍然坚持下去,不仅写出他对眉娘的感情,同时也暗示了结局。这和《百年孤独》如出一辙,"孤独"是整个作品的文眼,每一个人都按照遗传式的命运来生活。《生死疲劳》中无论西门闹转变成哪种形象,他的思想几乎都没有变化,都是放下了仇恨、恩怨,最后得到了自我的救赎。

(六)叙事方式的魔幻化

魔幻现实主义在叙事中最特别的就是对时间界限和空间界限的突破,能让多个世界同时交叉、接触。对生死人鬼的界限的打破,不仅能够推动故事情节,还能够丰富人物形象。《百年孤独》中乌尔苏拉死去之后,却时不时地化作鬼魂在屋中飘荡;《檀香刑》中赵甲无奈出走,还是被母亲的灵魂引导,从而拜师成功。这种融合了虚幻性的叙事表达方式,充分体现了魔幻现实主义的意义。

第二节　余华笔下的苦难与救赎

一、苦难的呈现

(一)历史与社会的苦难

余华在其文学实践中,擅长将个体生命的轨迹巧妙地融入广阔的历史与社会背景之中,以一种高度精练而又细致入微的叙述手法,深刻揭示了时代更迭下个体所承受的苦难与挣扎。在《活着》中,他精心塑造了主人公福贵这一角色,其人生历程如同一幅生动的历史长卷,细腻地勾勒出中国社会从战乱频仍的动荡年代,经由解放初期的社会转型,直至改革开放新时期的复杂变迁。福贵所经历的家庭破碎、亲人相继离世等一连串不幸遭遇,不仅构成了他个人命运的沉重篇章,更是对那个时代社会动荡、历史进程深刻变迁的一种艺术再现。余华通过福贵这一角色的命运沉浮,以一种冷静而深刻的笔触,展现了历史进程中的冷漠与残酷。在历史的长河中,个体往往显得微不足道,如同沧海一粟,在时代的巨浪中漂泊不定。福贵的故事,是对个体在历史洪流中渺小与无力感的深刻剖析,它让读者深切地体会到,在宏大的历史叙事背后,隐藏着无数普通人的生活艰辛与无奈。余华以福贵为缩影,通过对他个人命运的细腻描绘,不仅揭示了历史进程的复杂性,也映射出个体在时代变迁中的生存状态,从而引发人们对生命意义、历史与个体关系的深刻思考。

(二)人性的苦难

在余华的文学世界里,他不仅关注外部环境对个体命运的塑造,更深入挖掘了人性在极端困境中的复杂表现与内在苦难。以《许三观卖血记》为例,余华通过主人公许三观的生活轨迹,深刻揭示了人性在物质贫困与精神压抑双重夹击下的扭曲与痛苦。许三观面对生活的重重压力,选择了不断卖血作为应对困境的手段,这一行为超越了单纯物质层面的无奈选择,它触及了人性尊严的底线,成为对个体自我价值与尊严的一种残酷践踏。余华以细腻的笔触,描绘了许三观在卖血过程中的心理变化与情感挣扎,展现了人在极端困境中的生存智慧与无奈妥协。每一次卖血,都是对许三观身心的一次巨大考验,他不仅承受着身体上的痛苦,更经历着精神上的煎熬。这种挣扎背后,是人性在困境中的扭曲与异化,是对生命价值与尊严的深刻反思。余华通过许三观的故事,不仅呈现了个体在物质贫困下的生存困境,更揭示了人性在极端条件下的复杂性与脆弱性,引导读者深入思考在困境中如何保持人性的尊严与纯粹,以及在物质与精神之间寻找平衡的艰难探索。

(三)存在的苦难

余华的文学创作不仅局限于社会历史层面的苦难描绘,更深入到了人类存在的本质性维度,探讨了个体在生命旅程中所面临的普遍困境与挣扎。在《兄弟》这部作品中,他以李光头和宋钢这对异姓兄弟的命运交织为线索,细腻地刻画了人在追求爱情、权力、财富等世俗目标过程中的迷茫、困惑与挣扎。这种苦难超越了特定时空的社会历史背景,触及了人类共有的存在性难题,即如何在充满不确定性的世界中寻找自我定位与价值实现。余华通过精湛的心理描写技巧,深入剖析了李光头与宋钢内心的复杂情感与思想变化,展现了他们在欲望与理性、理想与现实之间的激烈冲突。生动的情节构建与细腻的情感描绘相得益彰,使读者能够深切地感受到人物内心的孤独与无助,以及他们在面对生命无常时的脆弱与坚韧。这种对人类存在本质性苦难的探讨,不仅丰富了余华作品的哲学内涵,也引发了读者对于生命意义、人性本质以及人在宇宙中位置的深刻思考,展现了余华作为一位深刻洞察人性与存在的作家的独特魅力。

二、救赎的追寻

(一)自我救赎

在余华的文学叙事中,面对苦难与绝境,其笔下的人物往往展现出一种不屈不挠的生命力,以及通过自我救赎寻求精神解脱与超越的坚韧意志。以《活着》中的主人公福贵为例,他的一生仿佛是对苦难与磨难的极致诠释,然而,正是在这无尽的痛苦中,福贵展现出了惊人的生存韧性与对生命的深刻领悟。他并未在命运的打击下沉沦,而是选择以一种积极且坚韧的态度去面对生活的种种不幸。福贵的自我救赎之路,是一条通过回忆往昔、珍视当下、眺望未来而铺就的心灵重生之旅。他通过对过去美好时光的深情回忆,为自己的心灵寻得了一处避风港,那里藏着家人的温暖与生活的甜蜜,成为他面对现实苦难时的一抹亮色。同时,他学会了珍惜眼前人,哪怕是在最艰难的日子里,也努力寻找生活中的点滴幸福。这份对当下的珍视,赋予了他继续前行的力量。而对于未来,福贵虽不敢有过分奢望,却始终保持着一份朴素的希望,这份希望如同暗夜中的灯火,指引着他不断前行,寻找生命的意义与价值。福贵的自我救赎,不仅是对个人悲惨命运的勇敢抗争,还是对人性尊严与生命价值的深刻坚守。

(二)他人救赎

他人救赎作为缓解个体苦难、重燃生活希望的重要机制,与自我救赎相辅相成,共同构建起其作品中复杂而深刻的救赎主题。以《许三观卖血记》为例,余华不仅细腻描绘了主人公许三观在困境中屡次卖血以求生存的艰辛,更巧妙地穿插了他人帮助与支持的温馨场景。这些援助如同暗夜中的星光,照亮了许三观前行的道路。他人的救赎在许三观的生命轨迹中扮演了至关重要的角色。在生活的紧要关头,无论是亲朋好友的无私相助,还是社会上陌生人的善意之举,都成为他渡过难关不可或缺的力量。这些帮助不仅仅是物质层面的扶持,更是精神层面的慰藉与鼓舞,它们让许三观在绝望中感受到了人间的温暖与关怀,激发了他面对困境的勇气与信心。

(三)精神救赎

以《兄弟》为例,余华不仅关注了李光头和宋钢在物质世界中的挣扎与奋斗,更深入挖掘了他们在精神世界中相互救赎的深刻意义。这对异姓兄弟在历经世事沧桑、人情冷暖后,最终在彼此的陪伴与深刻理解中寻得了心灵的归宿与慰藉,实现了精神层面的深度救赎。这种精神救赎超越了个人情感的简单满足,它触及了人性的深层领域,是对人与人之间情感联结、相互理解与支持的深刻探讨。余华以细腻入微的情感描写,展现了李光头与宋钢之间复杂而真挚的情感纽带,以及他们在面对生活苦难时彼此扶持、共同成长的历程。同时,作品中也蕴含着深刻的哲学思考,引导读者反思在物欲横流的社会中,人的精神需求与情感寄托的重要性,以及如何在纷繁复杂的人际关系中寻找到真正的自我与归属感。通过《兄弟》中的精神救赎叙事,余华不仅展现了人性中温情与坚韧的一面,更强调了精神救赎在个体生命历程中不可替代的作用,让读者在感受人物情感波折的同时,也深刻体会到精神救赎所带来的内心平静与力量,从而对人性、生命与存在有了更加全面而深刻的认知。

三、苦难与救赎之间的辩证关系

(一)苦难是救赎的契机

在余华的作品中,苦难往往成为救赎的起点。人物在经历苦难后,开始反思自己的生活、人性以及与世界的关系,从而萌生救赎的意识。苦难如同一面镜子,映照出人性的脆弱与坚韧,也激发了人物对生命意义的追问与探索。正是在与苦难的斗争中,人物逐渐找到了通往救赎的道路,实现了自我超越与人性升华。

(二)救赎是苦难的解脱

救赎作为苦难的解脱,为人物提供了走出困境、重拾希望的可能。无论是自我救赎、他人救赎还是精神救赎,都是对苦难的一种积极回应与超越。救赎不仅缓解了人物的物质与精神压力,更在心灵层面给予了他们巨大的安慰与力量。通过救赎,人物得以重新审视自己的生活,找到生命的意义与价值,从而实现心灵的重生与解脱。

(三)苦难与救赎的循环往复

在余华的作品中,苦难与救赎往往不是一次性的过程,而是循环往复、相互交织的。人物在经历苦难后寻求救赎,而在救赎的过程中可能又会遭遇新的苦难。这种循环往复的过程,不仅丰富了作品的情节与内涵,也深刻反映了人类生活的复杂性与不确定性。余华通过这一主题的探讨,引导读者正视生活中的苦难与挑战,同时也鼓励人们在困境中寻找希望与救赎的可能。

(四)苦难与救赎的哲学思考

从哲学的角度来看,余华笔下的苦难与救赎体现了存在主义与人本主义的深刻思考。存在主义强调个体在荒诞与绝望中的自由选择与责任承担,而人本主义则关注人的尊严、价值与自我实现。余华通过描绘人物在苦难中的挣扎与救赎,反映了人对生命意义的追寻、对自由与尊严的渴望,以及对人性本质的深刻探索。这种哲学思考不仅提升了作品的深度与广度,也为读者提供了关于人生、人性与存在的深刻启示。

第三节　女性写作与性别视角的探索

一、女性写作的历史背景与演变

(一)历史语境下的女性写作

女性写作的历史渊源深远,其雏形可追溯至远古时期的口头文学与丰富多彩的民间传说中,那里隐约可见女性智慧的闪光与情感的流露。然而,若从严格意义上界定,即女性以独立自主的身份和独特的女性视角进行文学创作,这一现象则是在近现代社会才逐渐显现并蓬勃发展起来的。在漫长的历史进程中,由于社会结构、文化传统以及性别偏见等多重因素的制约,女性往往被排斥在文学创作与批评的主流圈层之外,她们的声音被深深地边缘化,甚至在某些历史时期几乎完全沉默。这种状况直到女性主义运动的兴起才得到了根本性的改变。女性主义运动不仅是一场政治和社会运动,更是一场深刻的文化觉醒。它促使人们开始重新审视和反思性别角色、性别权利以及性别与文学之间的关系。在这一背景下,女性写作逐渐从边缘走向中心,成为文学领域中一股崭露头角且不可忽视的力量。女性作家们以笔为剑,勇敢地表达自己的思想、情感和欲望,展现女性独特的生命体验与心理世界。她们的作品不仅丰富了文学的内涵与表现力,更在很大程度上颠覆了传统的性别观念,为文学创作带来了新的视角和可能性。

(二)女性写作的演变与发展

从文学发展的历史脉络来看,女性写作的演变过程充满了曲折与探索。在初期阶段,由于社会文化背景的限制以及女性受教育水平的相对落后,女性作家往往不自觉地模仿男性写作风格,试图以男性化的笔触和叙事方式进入文学殿堂。然而,这种模仿并非简单的复制,而是在模仿中逐渐融入女性自身的感悟与体验,为后来的女性写作风格的形成奠定了基础。进入20世纪,随着女性主义运动的蓬勃发展和女性主义文学批评的兴起,女性写作迎来了前所未有的转机。女性作家开始有意识地关注女性自身的经验、情感与欲望,她们以独特的视角审视世界,探索女性独特的生命体验与复杂多变的心理世界。这一时期的作品,无论是主题的选择还是叙事的技巧,都充满了鲜明的女性特色,标志着女性写作风格的初步形成。时至今日,女性写作已经呈现出多元化、多样化的显著特点。在小说领域,女性作家以细腻的笔触描绘着女性的生活状态与内心世界;在诗歌领域,她们以独特的意象和韵律表达着女性的情感与哲思;在散文领域,她们以真实的笔触记录着女性的成长与感悟;在戏剧领域,她们则以生动的表演诠释着女性的力量与智慧。女性写作已经成为文学创作中一道绚丽多彩的风景线,以其独特的魅力吸引着越来越多的读者与研究者。

二、性别视角的多元表达

(一)女性经验的独特呈现

女性写作最为引人注目的特质之一,在于其对女性经验的深刻挖掘与独特呈现。这一特点不仅体现在女性作家对自我及周遭女性生活经历的敏锐捕捉上,更在于她们能够运用细腻入微的笔触和深沉饱满的情感,将女性独有的生命体验与复杂微妙的心理世界淋漓尽致地展现出来。女性作家往往从个人的成长历程、家庭关系、情感经历等维度出发,以第一人称或第三人称的叙述方式,将女性的喜怒哀乐、悲欢离合以及内心的挣扎与追求,巧妙地编织进文学作品的肌理之中。这种对女性经验的独特呈现,不仅极大地丰富了文学的表现力与深度,还为读者开辟了一个全新的阅读视角。在传统文学中,女性形象往往被置于被动、从属的地位,其内心世界鲜少得到深入的剖析与展现。而女性写作则打破了这一僵局,它让女性的声音得以在文学舞台上响亮地回响,让读者能够透过女性的视角去感受世界、理解生活。这种全新的阅读体验,不仅让读者对女性的生活状态与心理状态有了更为全面而深刻的认识,也促使他们反思性别角色、性别权力等社会问题,从而推动了文学与社会的共同进步与发展。

(二)性别角色的颠覆与重构

相较于传统文学中根深蒂固的性别刻板印象——男性常被刻画为坚韧不拔、理性至上的象征,而女性则往往被定义为柔弱多情、感性至上的化身,女性写作以其独特的视角和深邃的笔触,对这一传统范式进行了深刻的反思与有力的挑战。在女性作家的笔下,女性形象不再仅仅是温柔贤惠、依附于人的弱者,而是被赋予了前所未有的力量与智慧,她们或成为独当一面的社会精英,或在逆境中展现出惊人的韧性与勇气,抑或是在知识的海洋中遨游,以卓越的智慧启迪人心。这些女性形象的塑造,不仅是对女性潜能与价值的深度挖掘,更是对女性主体地位的积极肯定。与此同时,女性写作中的男性形象也呈现出前所未有的多样化特点。他们不再是单一维度的强者或英雄,而是被赋予了更为复杂多维的性格特征,有的温柔体贴,有的敏感细腻,有的甚至在某些方面显得脆弱与迷茫。这种对男性形象的颠覆性描绘,不仅丰富了文学中的人物画廊,也促使读者重新审视性别角色的多样性与流动性,从而为文学创作开辟了更加广阔的表现空间与可能性。

(三)性别视角的交叉与融合

女性写作作为一种独特的文学表达方式,其内涵与外延均超越了单一的性别界限,展现出高度的包容性与开放性。女性作家的创作实践中,并未简单地将男性视角排除在外,反而往往通过性别视角的巧妙交叉与深度融合,构建了一个更为复杂多元、立体丰富的人性探索空间。女性作家在细腻描绘女性生存状态与深刻剖析女性情感体验的同时,也以敏锐的洞察力和宽广的视野,将关注的触角延伸至男性世界以及两性间微妙而复杂的关系网络之中。她们不仅关注男性个体的内心世界、成长轨迹与社会角色,还深入探究了两性在权力结构、情感互动、社会期待等方面的差异与共通之处,从而揭示出性别身份如何在社会文化语境中被塑造与再塑造。这种跨性别的视角交叉与融合,不仅拓宽了女性写作的叙事边界,也赋予了其作品以更加深邃的思想内涵与广泛的社会意义。女性作家以这种方式,展现了她们对于人性本质的深刻理解与全面把握,使得女性写作成为连接不同性别、不同文化、不同经验的桥梁,促进了文学领域内性别对话与理解的深化,为构建更加平等和谐的社会文化环境贡献了独特的力量。

三、女性主体性的构建与解构

(一)女性主体性的构建

女性写作,作为女性主体性构建的关键路径之一,承载着深远的文化意义与社会价值。在文学这一广阔舞台上,女性作家通过笔触的挥洒与情感的倾注,不仅实现了个人思想、情感与欲望的艺术化表达,更在字里行间彰显出独特的才华与深邃的智慧,从而有力地确立并巩固了自己在文学领域中的主体地位。这一过程,是女性自我认知的深化,是自我价值的肯定与提升,更是对传统性别角色定位与性别权力结构的深刻反思与勇敢挑战。女性写作中的主体性构建,体现在女性作家对自我经验的真实呈现与深刻剖析上,她们不畏社会偏见与文化束缚,勇于探索并表达女性的内心世界与生命体验,为女性声音的发出开辟了广阔的空间。同时,这种主体性的彰显,也是对"男性中心主义"文学传统的有力反驳,它打破了性别界限,促进了文学创作的多元化与包容性,使得文学成为真正意义上的全人类共同的精神财富。女性写作因此成为推动性别平等、促进社会进步的重要力量,它不仅丰富了文学的表现力,更在深层次上推动了社会文化的变革与发展,展现了女性作为独立个体与创造主体的无限可能与辉煌成就。

(二)女性主体性的解构与反思

女性写作,在构建女性主体性的同时,并未止步于单一维度的颂扬与肯定,而是进一步深入到了对女性主体性本身的深刻解构与理性反思之中。女性作家以其敏锐的洞察力与深刻的自省精神,于文学创作中勇敢地揭示了女性主体性背后隐藏的复杂性与矛盾性,展现了女性世界的多维面貌与深层纹理。她们不避讳地描绘了女性之间的竞争与嫉妒,这种情感的细腻刻画,不仅是对女性间复杂人际关系的真实反映,也是对女性内心挣扎与自我认知的深度探索。同时,女性作家还深刻剖析了女性对权力的渴望与恐惧并存的复杂心态。这种对权力欲望的双重书写,既体现了女性对自我实现与社会地位提升的追求,也揭示了社会性别角色规范与内心自我期待之间的张力与冲突。这种解构与反思，使得女性写作超越了简单的女性主义颂歌，而成为一种更加深刻、真实且富有层次感的文学表达。它不仅展现了女性生存的多样性与复杂性，也揭示了女性心理世界的丰富与细腻，为读者提供了一个全面理解女性、感受女性、共鸣女性的窗口，促进了社会对女性群体的深入理解与尊重，推动了性别平等观念的深入人心与广泛传播。

（三）主体性与他者性的辩证关系

在女性写作的广阔范畴内，主体性与他者性构成了一对既对立又统一的辩证关系，展现了女性作家深刻的哲学思考与社会关怀。女性作家在致力于构建并彰显女性主体性的过程中，并未忽视或回避女性作为他者——即在社会结构与文化语境中常被边缘化、客体化的存在状态。相反，她们以更加敏锐的视角和深沉的笔触，深入剖析了女性在传统社会角色与地位中所承受的压迫与歧视，将那些长期被遮蔽、被忽视的女性经验与情感体验，以文学的形式呈现在公众视野之中。这种对女性他者性的关注与描绘，不仅是对女性个体命运的深切同情，更是对性别不平等的社会现实的强烈控诉。女性作家通过细腻入微的叙事与深刻透彻的分析，揭示了性别权力结构如何塑造并限制了女性的生活空间与自我实现的可能性，从而激发读者对性别平等与女性解放议题的深刻反思与积极探讨。

四、女性写作对文学传统的挑战与超越

（一）对文学主题的拓展与创新

相较于传统文学中普遍偏好的男性英雄主义题材与宏大

的历史社会叙事,女性写作则以一种截然不同的视角和关注点,开辟了文学创作的新天地。女性作家倾向于将笔触深入到日常生活的细微之处,聚焦于家庭关系的微妙变化、情感世界的波澜起伏以及个体内心世界的隐秘探索等微观领域。这些在传统文学中往往被边缘化或简化的主题,在女性写作中得到了前所未有的重视与深度挖掘。这种主题的拓展与创新,不仅极大地丰富了文学的表现力与内涵深度,使得文学作品能够更加细腻、真实地反映人类生活的多样性与复杂性,而且也为读者提供了更为广阔且多元的阅读选择空间。女性写作以其独特的叙事风格与情感表达,引领读者走进一个充满温情、细腻表达与深邃思考的世界,让读者在品味生活点滴、感受情感流动的同时,也能深刻反思社会性别角色、家庭伦理以及人性本质等深层次议题。

(二)对文学形式的探索与实验

女性作家们不拘泥于传统的叙事框架与表现手法,而是勇于尝试独特的叙事手法、语言风格以及结构安排,以期更加精准地传达女性独特的审美视角与艺术追求。她们或采用非线性叙事,打破时间顺序的束缚,以跳跃式的记忆片段或多重叙述声音,构建出富有张力与层次感的叙事空间;或运用细腻入微、情感丰富的语言,细腻描绘女性的内心世界与情感体验,使读者能够深切感受到文字背后的情感波动与心灵震颤;抑或在结构安排上大胆创新,通过循环往复、相互映照的章节设计,或是开放式的结局,为作品赋予更多的解读空间与意蕴深度。这种对文学形式的不断探索与实验,不仅彰显了女性作家在艺术创造上的独立精神与创新意识,也极大地推动了文学形式的革新与发展,为文学创作开辟了新的路径与可能性。女性写作以其独特的艺术魅力与审美价值,丰富了文学的表现手法与风格样式,为文学艺术的百花园增添了新的色彩与芬芳,同时也激发了读者对于文学作品的多元解读与深度思考,促进了文学与社会文化的互动与共进。

(三)对文学批评标准的挑战与重构

女性写作不仅在创作领域内掀起了变革的浪潮,更对传统的文学批评标准提出了深刻的挑战。长期以来,文学批评界往往深受男性视角与审美标准的影响,导致女性作家的作品在评价过程中常被边缘化或误读,其独特价值与深刻意义未能得到充分的认识与肯定。然而,随着女性主义文学批评的兴起与蓬勃发展,这一状况得到了根本性的改善。女性主义文学批评以女性视角为核心,强调从女性的生活经验、情感世界以及社会地位出发,对女性作品进行深入的剖析与解读。女性批评家们运用独特的理论框架与分析方法,揭示了女性作品中蕴含的丰富内涵与深层意蕴,那些曾经被忽视或误解的女性声音与经验,得以在批评的舞台上响亮回响。她们不仅重新评估了女性作家在文学史上的地位与贡献,更为文学批评领域引入了新的视角与评判标准,促进了批评话语的多元化与包容性。这一挑战与变革,不仅是对传统文学批评体系的有力反思与重构,更是对女性创作价值的深刻肯定与提升,为文学理论与批评实践的融合发展注入了新的活力与动力,推动了文学研究的深入与拓展,使之更加全面、公正地反映人类文化的多样性与复杂性。

（四）对文学传统的超越与融合

女性写作在挑战与质疑文学传统的过程中，并未简单地与传统决裂，而是展现出了一种高超的超越与融合的艺术。女性作家在创作实践中，以深邃的历史意识与敏锐的时代感知，巧妙地继承了传统文学中的优秀元素与丰富文化遗产，这些经典元素如同璀璨星辰，被女性作家以新的方式重新点亮，焕发出别样的光彩。与此同时，她们并未止步于传承，而是将女性独特的审美视角、情感体验与艺术创新深度融合于创作之中，使得作品在保持历史厚重感的同时，又洋溢着鲜明的时代特色与创新精神。这种超越与融合，不仅体现在对传统文学题材与主题的重新诠释与拓展上，更在于女性作家以独特的叙事手法、语言风格以及结构布局，打破了传统文学的性别界限与审美框架，为文学创作开辟了新的可能。她们的作品，既是对过往文学传统的致敬与对话，也是对当下社会现实的深刻反思与艺术呈现，更是对未来文学发展的积极探索与前瞻。因此，女性写作不仅丰富了文学的表现力与内涵深度，更在超越与融合中实现了对文学传统的创新性发展，展现了女性作家在文学创作中的卓越才华与非凡创造力，为文学艺术的繁荣发展贡献了独特的力量。

第三章　散文撷英与哲思情怀

第一节　冰心散文的母爱与童真

一、冰心散文的母爱体现

（一）母爱的细腻描绘

在冰心的散文中,母爱如同一股细流,悄无声息地渗透在生活的每一个角落。她以女性作家特有的敏感与细腻,捕捉并描绘了那些看似微不足道却充满深情的母爱瞬间。描写母爱的文章中,冰心通常没有选择宏大的叙事结构,而是从日常生活的琐碎细节入手,展现了母爱的真挚与伟大。母亲在厨房里忙碌的身影,为家人准备着一日三餐,那不仅仅是食物的烹饪,更是母爱的传递;在孩子生病时,母亲彻夜未眠地守护,那双温暖的手轻轻拂过孩子的额头,带走病痛,留下安心。这些细腻入微的描写,让母爱的形象在读者心中逐渐丰满起来,成为一种无须言语便能深刻感知的情感力量。

（二）母爱与成长的交织

1.母爱引导下的成长之路

母爱不仅是一种情感的流露,更是个人成长道路上不可或缺的指引。《我的童年》等作品中,她通过讲述自己与母亲相处的点点滴滴,展现了母爱在个体成长过程中的重要作用。母亲不仅是孩子生活的照料者,更是孩子心灵的导师。她用自己的智慧与经验,引导孩子认识世界、理解生活;用自己的慈爱与包容,教会孩子如何面对困难与挑战。在母爱的滋养下,冰心逐渐成长为一位有思想、有情感、有担当的文学家。她的成长之路,也成为母爱与成长交织的生动写照。

2.母爱对性格塑造的影响

冰心在散文中深入探讨了母爱对个人性格塑造的深远影响,认为母爱是一种无形的力量,它潜移默化着孩子的性格形成与发展。在母爱的熏陶下,孩子们学会了善良、宽容、坚忍与勇敢。他们懂得了如何去爱、如何去感恩、如何去承担。冰心通过自己的亲身经历与感悟,向读者展示了母爱在塑造个人性格方面的重要作用。她笔下的母亲形象,不仅是一位慈爱的母亲,更是一位充满智慧的教育者。她用母爱这把钥匙,打开了孩子心灵的窗户,让孩子看到了更加宽广的世界与更加美好的未来。

3.母爱与文学创作的融合

冰心将母爱融入了自己的文学创作之中,其散文作品充满了对母爱的赞美与感激之情,这种情感也成为她的文学创作的独特魅力所在。在冰心的笔下,母爱不再是一种抽象的概念或空洞的口号,而是被赋予了具体而生动的形象与内涵。她通过细腻的描绘与深刻的反思,让读者在文字中感受到了母爱的温暖与力量。同时,母爱也成为冰心的文学创作的重要源泉与灵感所在。她用自己的笔触记录下了母爱的点点滴滴,让这份情感在文字中得到了永恒的流传与传承。

(三)母爱的哲学意蕴

冰心的散文不仅仅停留在对母爱的表面描绘,更深入到了母爱的哲学层面。她思考着母爱的本质与意义,探讨着母爱与人性、与社会的关系。在《关于女人》等文章中,冰心提出,母爱是女性天性的体现,也是社会和谐与进步的基石。她认为,母爱能够激发人们的善良与同情心,促进人与人之间的理解与包容。这种对母爱的深刻思考,使得冰心的散文具有了更加深远的意义。

二、冰心散文的童真表现

(一)童真的视角与想象

1.纯真视角下的新奇世界

在冰心的散文中,童真以其独特的视角,为成人世界带来一抹清新与新奇。孩子们用他们未经雕琢的眼睛,观察着周围的一切,那些在日常忙碌中容易被忽视的细节,在孩子们的眼中却充满了无限的可能与趣味。在《寄小读者》中,冰心细腻地描绘了孩子们对自然界的好奇与探索,比如一朵花的绽放、一只虫的爬行,都能引发他们无限的遐想与兴趣。这种纯真的视角,让读者仿佛也回到了童年,重新发现了世界的美好与奇妙。

2.想象中的奇幻旅程

孩子们的想象力是无穷的,他们能将平凡的事物编织成一个个奇幻的故事。冰心在散文中巧妙地捕捉到了这一点,通过孩子们的想象,将现实世界与梦幻世界相结合,创造出一个个充满奇幻色彩的场景。比如,在孩子的眼中,一片落叶可能是一艘远航的小船,一朵云彩可能是一位神秘的仙女。这种想象力的展现,不仅丰富了散文的内容,也激发了读者内心深处的童真与幻想。

3.生活感悟中的智慧之光

冰心在散文中通过孩子们的视角,揭示了生活中的简单真理与深刻哲理。比如,孩子们可能会从一次跌倒中学会坚强,从一次分享中学会慷慨。这些看似微不足道的经历,在孩子们的眼中却蕴含着生活的智慧与成长的力量。冰心的描绘,让读者在感受美好童真的同时,也获得了对生活的新的理解与感悟。

(二)童真与自然的亲近

1.自然之美的心灵触碰

冰心笔下,孩子们与自然之间的亲近关系被描绘得淋漓尽致。他们仿佛是天生的自然探索者,对山川草木、花鸟鱼虫都充满了浓厚的兴趣。在《山中杂记》中，冰心通过孩子们的视角，展现了山林间的美丽景色与生动场景，让读者仿佛也置身于生机勃勃的大自然中。这种对自然之美的描绘，不仅让读者感受到了自然的魅力，也触动了他们内心深处对自然的向往与热爱。

2.自然教育中的成长启示

自然不仅是孩子们玩耍的乐园，更是他们成长的课堂。在冰心的散文中，孩子们通过与自然的亲近和互动，获得了许多宝贵的成长启示。比如，他们从一棵树的生长中学会了坚韧不拔，从一只蚂蚁的搬运中学会了团结协作，从一朵花的绽放中学会了耐心等待。这些自然教育中的成长启示，不仅让孩子们更加珍惜与自然的亲近时光，也让他们在未来的成长道路上更加坚韧与智慧。

3.童真与自然是文学中的永恒主题

童真与自然作为文学中的永恒主题，在冰心的散文中得到了完美的融合与展现。她用细腻的笔触描绘了孩子们与自然之间的纯真情感与亲密联系，让读者在阅读中感受到了童年的快乐与无忧、自然的魅力与神奇。同时，这种童真与自然的结合也赋予了冰心散文独特的文学魅力与深远的社会意义。它让学生看到了文学在传递美好情感与价值观的同时，也能激发人们对自然与生活的热爱和思考。

（三）童真中的成长与反思

1.童真与成长的交织画卷

冰心的散文中童真与成长是两个紧密相连的主题。她以细腻的笔触,描绘出孩子们在纯真岁月中逐渐迈向成熟的轨迹。在《小橘灯》这篇经典之作中,冰心通过一个小女孩的形象,生动地展现了童真中的成长与反思。小女孩面对生活的艰辛,没有失去那份纯真的笑容和对未来的希望,反而以她的坚强和乐观,给周围的人带来了温暖和力量。这个故事告诉学生,成长虽然意味着要告别部分童真,但那份内心的纯真和善良,却是可以伴随学生一生的宝贵财富。

2.困难与挑战中的自我觉醒

在冰心的散文中,孩子们在成长的道路上遇到了各种困难和挑战,但正是这些经历,促使他们开始反思,学会坚强。她笔下的孩子,不是温室里的花朵,而是风雨中的小树,虽然稚嫩,却坚韧不拔。通过讲述这些故事,冰心鼓励学生,面对成长中的挑战,要勇敢地迎接,因为每一次的挫折,都是通往成熟与智慧的必经之路。

3.珍惜童真,拥抱成长

冰心在散文中流露出对童年时光的深深眷恋,同时也以一种积极的态度看待成长。她认为,虽然成长会带走一些童真,但也会赋予学生更多的能力和智慧,让学生更好地理解和应对这个世界。因此,她鼓励学生要珍惜童年的美好,保持那份纯真的心,同时也要勇敢地迈出步伐,去拥抱成长带来的变化。在冰心的笔下,童真与成长不是对立的,而是相互依存、相互促进的,它们共同构成了人生最宝贵的财富。

（四）童真的文学魅力

1.童真中的文学创新

冰心的散文之所以能够触动人心，很大程度上得益于她采用了孩子的视角来观察世界。在她的笔下，世界变得简单而纯粹，没有了成人的复杂与功利，只剩下最真挚的情感和最直接的感受。这种纯真的表达方式，让读者在阅读时仿佛也回到了童年，重新体验了那份无忧无虑的快乐。同时，它也让学生看到了文学创作的另一种可能性，即通过对童真的挖掘和展现，来传达更加深刻和真实的情感。

而且，冰心在散文创作中，巧妙地将童真元素融入其中，形成了一种独特的文学风格。她的散文不仅语言清新自然，而且情感真挚动人，给人以强烈的艺术感染力。这种童真的文学表达方式，不仅丰富了现代文学的创作手法，也为读者提供了一种全新的阅读体验。它让学生意识到，文学不仅可以描绘复杂的人性和社会现实，还可以展现那些简单而纯粹的美好情感和瞬间。这种对童真的关注和挖掘，无疑为现代文学创作开辟了一片新的天地。

2.童真与文学价值的融合

冰心的散文之所以能够流传至今，深受读者喜爱，很大程度上是因为她成功地将童真与文学价值相融合。在她的作品中，童真不仅仅是一种表达方式，更是一种深刻的人生哲理和审美追求。她通过讲述孩子们的故事，传达出对人性、对生命、对世界的深刻思考，让学生在感受童真的同时，也能领悟到生活的真谛和人生的意义。这种童真与文学价值的完美融合,使得冰心的散文具有了跨越时空的魅力和永恒的价值。

第二节　当代散文的新探索

一、题材与内容的多样化

(一)社会生活的各个方面

1.日常生活的诗意呈现

在日常的琐碎与平凡中,散文作家们总能发现那些被忽略的美好。他们或描绘清晨第一缕阳光穿透窗帘的温柔,或记录街头巷尾陌生人之间的温暖互动,抑或是反思快节奏生活中人与人之间的疏离与联系。这些看似不起眼的细节,在散文的笔触下被赋予了深刻的意义,让读者在阅读中重新审视自己的生活,发现平凡中的不凡。

2.社会变迁的镜像反映

随着社会的快速发展,人们的生活方式、价值观念也在不断变化。散文作为一种灵活的文学形式,及时捕捉并反映了这些变迁。从城市化进程中乡村的消失,到数字时代人际交往的新模式,再到环境保护、性别平等等社会议题的探讨,散文作品以其敏锐的洞察力和深刻的思考,为读者提供了一个理解时代变迁的窗口,促进了社会共识的形成与传播。

3.文化与传统的深度挖掘

在全球化的大背景下,散文作家们也不忘回望,深入挖掘国家历史与文化传统的深厚底蕴。他们或讲述家族故事,传承家族记忆;或探寻地方特色,记录民俗风情;抑或是反思传统文化在现代社会的地位与价值。这些文字,不仅让读者感受到文化的魅力,也激发了人们对文化传承与创新的思考,增强了民族认同感与自豪感。

(二) 对时代与生活的独特发现

1.个性化视角的选取

每个散文作家都有其独特的观察世界的角度。有的作家偏好于微观世界的细腻描绘,通过一草一木、一事一物来映射宏大的社会议题;有的则从宏观视角出发,探讨国家、民族乃至人类共同的情感与命运。这种个性化的视角选择,不仅丰富了散文的表现力,也使得每一篇作品都带有鲜明的个人色彩,让读者在阅读时能够感受到作者的独特思考与情感。

2.自我洞察的深度探索

散文不仅是对外在世界的观察,更是对内心世界的剖析。作家们通过散文这一载体,勇敢地面对自己的内心,诚实地记录成长过程中的喜悦、困惑、挣扎与释然。这种自我反思与洞察,不仅让读者看到了作家作为普通人的真实一面,也为作品增添了深度与厚度,使其成为连接作者与读者心灵的桥梁。

3.艺术手法的创新运用

在表达手法上,当代散文也不断探索与创新,融合了叙事、描写、议论等多种元素,形成了多样化的艺术风格。有的作品以诗化的语言描绘生活,营造出梦幻般的意境;有的则采用对话、日记等形式,增强作品的真实感与亲切感;还有的通过对比、象征等修辞手法,深化主题,提升作品的艺术价值。这些创新的艺术手法,为散文的表达提供了无限可能,也使其更加贴近读者的心灵,引发共鸣。

二、风格与形式的创新

(一)纪实与诗意并重

1.纪实风格

在当代散文的广阔舞台上,纪实风格以其独特的魅力占据了一席之地。这种风格强调对现实生活场景的忠实记录,作家们如同细心的观察者,用文字捕捉生活中的每一个细微瞬间,力求还原生活的本真面貌。他们不仅关注个体的情感体验,更将笔触伸向广阔的社会背景,通过具体的人和事,反映社会现象,传递时代的声音。纪实风格的散文,语言质朴而直接,没有华丽的辞藻,却能在平淡中见真情。作家们通过精确的观察和细腻的描述,将生活的点滴细节转化为具有普遍意义的主题,让读者在阅读中感受到生活的真实与美好。这种风格的作品,往往能够触动人心、引发共鸣,让读者在生活的琐碎中寻找到生命的价值和意义。

2.诗意表达

诗意散文,顾名思义,即通过诗化的语言和富有韵律感的句子,构建出一种超越现实的审美世界。这类散文往往不拘泥于客观事物的直接描述,而是借助象征、隐喻等手法,将情感、思绪与景物融为一体,创造出一种超越日常的意境美。诗意表达的魅力在于其语言的精练与意象的丰富。作家们通过精心挑选的词语、巧妙的句式安排以及丰富的想象力,将个人的情感体验转化为普遍的艺术感受。读者在阅读中,仿佛置身于一个充满诗意的梦境之中,能够感受到作者内心的波动与情感的流淌。

(二)文体边界的扩大

1.跨文体写作

近年来,当代散文创作呈现出文体边界扩大的趋势。作家们不再局限于传统的散文形式,而是勇于探索,尝试将小说、诗歌、戏剧等文体的元素融入散文创作中,形成了一种跨文体、综合性的写作风格。跨文体写作的核心在于文体元素的自由组合与创新运用。作家们根据创作的需要,灵活选取不同文体的表现手法,如小说的叙事技巧、诗歌的意象与韵律、戏剧的对话与冲突等,将其巧妙地融入散文之中。这种融合不仅丰富了散文的表现力,也为读者提供了更为多元的阅读体验。

2.综合性写作

综合性写作是文体边界扩大的一种表现形式,它强调在散文创作中融合多种视角、多种声音,以呈现更加立体、多元的世界。这种写作方式鼓励作家跳出个人经验的局限,从更广阔的社会、历史、文化背景中汲取灵感,通过不同人物的视角、不同层次的叙述,构建一个复杂而丰富的文本世界。在综合性写作的散文中,作者可能既是故事的讲述者,也是故事的参与者;既是现实的观察者,也是历史的回顾者。这种多重身份的转换,使得作品能够涵盖更广泛的主题,表达更复杂的情感,同时也为读者提供了多角度理解文本的可能性。

三、对内心世界的反思与呈现

(一)注重内心世界的反思

1.个体思考的觉醒

在当代散文的广阔天地里,作家们不再仅仅满足于对外在世界的描绘,而是将笔触深入内心,展开了一场关于自我、关于时代的深刻反思。这种反思,是对个体存在意义的探索,也是对时代变迁下人性光辉的捕捉。作家们以独特的视角和敏锐的洞察力,将个人的思考与情感表达融入作品之中,使得每一篇散文都成为一次心灵与时代的对话、一次个体与集体的共鸣。

2.叙事方式的革新

为了更好地呈现内心世界的复杂与细腻,当代散文在叙事方式上进行了大胆的创新。传统的线性叙事被打破,取而代之的是多线索交织、时空交错的叙事结构。这种叙事方式不仅丰富了散文的表现力,也使得作品在展现个人经历的同时,能够巧妙地勾勒出宏大历史背景下的个体命运。作家们通过细腻的笔触,将个人的情感波动与时代的风云变幻紧密相连,让读者在阅读中感受到一种跨越时空的心灵触动。

3.宏大历史与个体命运的交织

当代散文在反思内心世界的同时,并没有忽视对宏大历史的关注。相反,作家们往往将个人的经历置于历史的长河之中,通过对比与反思,揭示出个体命运与时代变迁之间的深刻联系。这种联系,既有个体在历史洪流中的渺小与无力,也有在逆境中坚韧不拔、追求自由的勇气与力量。通过这种交织与碰撞,当代散文不仅展现了个人内心的丰富与复杂,也反映了时代精神的深刻与多元。

(二)深度挖掘与心理剖析

1.细致入微的心理刻画

当代散文在呈现人物内心世界时,注重细致入微的心理刻画。作家们通过精准的词语和生动的比喻,将人物内心的微妙变化、情感波动以及思想挣扎展现得淋漓尽致。这种刻画,不仅让读者能够直观地感受到人物的内心世界,更能够引导读者深入思考人性的本质与情感的奥秘。在作家们的笔下,每一个人物都成为一个独立的、有血有肉的存在,他们的内心世界成为充满无限可能的探索空间。

2.多层次的心理剖析

当代散文尤为注重多层次的心理剖析,作家们不仅关注人物表面的情感反应,更深入挖掘其背后的心理动机、性格特征以及成长经历对内心世界的影响。这种剖析,使得人物的形象更加立体、饱满,也让读者能够更全面、更深入地理解人物的内心世界。通过多层次的心理剖析,当代散文不仅展现了人性的复杂与多样,也揭示了社会环境、文化背景对个体心理形成的深远影响。

3.情感共鸣与心灵慰藉

深度挖掘与心理剖析不仅让当代散文在文学上取得了显著的成就,更在情感上与读者产生了强烈的共鸣。作家们通过细腻的笔触和深刻的思考,将个人的情感体验转化为普遍的人性关怀,使得作品在呈现人物内心世界的同时,也能够给予读者心灵上的慰藉与启迪。在阅读这些散文时,读者仿佛能够找到一面镜子,映照出自己内心的角落,感受到一种被理解、被关怀的温暖。这种情感共鸣与心灵慰藉,正是当代散文的魅力所在,也是其能够深入人心、持久流传的重要原因。

第四章　小说世界与多样探索

第一节　现实主义小说的社会镜像

一、现实主义小说的基本特征

(一)真实反映社会生活

现实主义小说,作为文学领域中的一股强大力量,其核心特征在于其对社会生活的真实反映。这类作品不回避生活的琐碎与平凡,也不刻意美化或丑化现实,而是以一种近乎白描的手法,将社会生活的各个层面、各个角落展现在读者面前。从繁华都市的喧嚣到偏远乡村的宁静,从达官贵人的权势斗争到普通百姓的柴米油盐,现实主义小说都力求做到真实再现。在人物塑造上,现实主义小说追求人物的典型性与真实性。它不会将人物简单地划分为好与坏、善与恶,而是致力于展现人物的多面性和复杂性。每个人物都有其独特的性格特征、生活背景和命运轨迹,这些元素在小说中交织成一幅幅生动的社会画卷。而环境描写也是现实主义小说不可或缺的一部分。无论是自然环境还是社会环境,小说都力求做到真实可感。通过对环境的细致描绘,读者仿佛能够身临其境,感受到那个时代、那个地域的独特气息。情节方面,现实主义小说注重情节的连贯性和合理性。它不会为了追求戏剧性而刻意制造巧合或冲突,而是让情节在人物性格和环境背景的推动下自然发展。这种对情节的真实处理,使得现实主义小说更加贴近生活的实际,让读者在阅读中感受到生活的真实与厚重。

(二)深入挖掘人性

现实主义小说不仅关注社会生活的外在表现,更致力于深入挖掘人性的内在世界。它认为人性是复杂而多变的,既有光明的一面,也有阴暗的一面;既有善良、正直、勇敢等美好品质,也有贪婪、自私、懦弱等丑陋面目。通过对人物内心世界的细致剖析,现实主义小说展现了人性的多样性和深度。它不会简单地将人物划分为好人或坏人,而是努力揭示每个人物内心深处的矛盾与挣扎。这种对人性的深入挖掘,使得现实主义小说的人物形象更加立体、丰满,也让读者在阅读中对人性有了更深刻的认识和理解。而现实主义小说还善于通过人物的行为和选择来反映人性的复杂性。在小说中,人物往往面临着各种道德困境和选择难题。他们的选择和行动不仅受到外部环境的制约,更受到内心世界的驱使。通过对这些选择和行动的细致描绘,现实主义小说揭示了人性的脆弱与坚强、善良与邪恶之间的微妙平衡。此外,现实主义小说还通过对比和反差来凸显人性的多样性。它往往将不同性格、不同背景的人物放在一起进行对比,通过他们之间的冲突和互动来展现人性的复杂面貌。这种对比和反差不仅增强了小说的戏剧性,也使得对人性的描绘更加生动、逼真。

（三）注重细节描写

在现实主义作家看来,细节是构成生活真实感的重要元素,也是展现人物性格和情节发展的关键所在。在人物描写方面,现实主义小说通过对人物外貌、神态、语言、动作等细节的刻画,使得人物形象更加鲜明、生动。这些细节不仅展现了人物的外在特征,更透露出人物的内心世界和性格特质。通过对这些细节的捕捉和描绘,读者能够更加深入地了解人物的性格和命运。而环境描写方面,现实主义小说同样注重细节的呈现。无论是自然环境还是社会环境,小说都力求做到细致入微、栩栩如生。通过对环境细节的刻画,读者仿佛能够置身于小说所描绘的场景之中,感受到那个时代的氛围和气息。情节发展上,现实主义小说也离不开细节的推动。小说中的每一个情节转折、每一次人物互动都离不开细节的铺垫和渲染。通过对这些细节的精心安排和巧妙运用,现实主义小说使得情节发展更加自然、合理,也更具吸引力。此外,现实主义小说还善于通过细节来营造氛围和渲染情感。通过对人物心理、环境氛围等细节的细腻描绘,小说能够营造出一种特定的情感基调或氛围,使得读者在阅读过程中产生共鸣和情感上的波动。这种对细节的注重和运用,不仅增强了小说的艺术感染力,也使得现实主义小说更加贴近生活的实际和读者的心灵。

（四）客观冷静的叙述方式

1.客观叙述的定义

现实主义小说以其独特的客观冷静叙述方式,成为文学领域中反映社会现实的重要载体。这种叙述方式强调作者情感的克制与距离的保持,力求通过不带偏见的视角,将生活的原貌准确无误地展现给读者。它避免了过度的情感渲染,转而依靠细致入微的观察和精确的语言表达,使读者能够自行在故事中找到共鸣,从而更加深刻地理解生活的本质。

2.实现手法与技巧

为了实现客观冷静的叙述,现实主义小说往往采用第三人称全知视角或有限视角,这种视角既能全面展示故事背景,又能保持叙述者的中立态度。同时,作者善于运用细节描写,通过对环境、事件、人物的精细刻画,营造出一种身临其境的真实感。此外,对话的巧妙运用也是关键,它能让角色直接表达思想情感,减少叙述者的介入,进一步增强故事的客观性。

3.客观叙述的艺术效果

客观冷静的叙述方式不仅增强了小说的真实性和可信度,还为读者提供了广阔的思考空间。它鼓励读者以独立的视角审视故事,形成自己的判断和理解,从而促进了读者与文本之间的深度互动。这种叙述方式使得现实主义小说成了一面镜子,不仅映照出社会的风貌,也反映了人性的复杂多面。

(五)重视人物关系的刻画

1.人物关系网的构建

现实主义小说中,人物关系往往错综复杂,构成了一个个小社会圈。这些关系不仅推动了情节的发展,更是对社会结构、人际关系以及人性本质的深刻探讨。作者通过精心设计的人物关系网,展现了不同社会阶层、性别、年龄、职业之间的相互作用,揭示了隐藏在日常生活背后的权力斗争、情感纠葛和道德选择。

2.关系变化与情节推进

人物关系的动态变化是现实主义小说情节推进的重要动力。随着故事的展开,人物间的爱恨情仇、合作与冲突不断演变,推动着情节向高潮发展。这种变化不仅体现了个人成长的心路历程,也反映了社会环境对个人命运的影响。通过人物关系的演变,小说深刻揭示了社会变迁对个人生活的深刻影响,以及个体如何在社会洪流中寻找自我定位。

3.人物关系的社会意义

现实主义小说中的人物关系不仅仅是故事情节的构成要素,更是对社会现实的深刻反映。它们揭示了社会的不平等、人性的光辉与阴暗,以及人们在面对生活困境时的选择与挣扎。通过对这些关系的细腻描绘,小说不仅提供了对社会现象的批判性思考,也激发了读者对人性、道德和社会责任的深刻反思。

(六)关注人物性格的塑造

1.性格的深度挖掘

现实主义小说在人物性格塑造上追求深度与真实。作者通过细腻的心理描写、行为举止的刻画,以及人物在不同情境下的反应,展现出丰富多彩的人物性格。这些性格既有其独特性,又与社会环境紧密相连,体现了人物性格形成的社会背景和文化根源。性格的深度挖掘使得小说中的角色栩栩如生,仿佛就在读者身边。

2.性格与命运的互动

在现实主义小说中,人物性格往往与其命运紧密相连。性格决定命运,而命运又反过来塑造性格,这种互动关系构成了小说情节发展的内在逻辑。勇敢、坚韧的性格可能帮助人物克服重重困难,实现自我超越;而懦弱、自私的性格则可能导致人物的失败或悲剧。通过对性格与命运关系的深入剖析,小说揭示了人性的复杂性以及个人选择对人生轨迹的重要影响。

3.性格塑造的艺术手法

为了塑造鲜明的人物性格,现实主义小说采用了多种艺术手法。对比与反差是常用的一种,通过不同人物性格的对比,或者同一人物在不同情境下的性格变化,突出性格特征。内心独白和心理分析则让读者能够直接窥探人物的内心世界,理解其行为背后的动机。此外,象征、隐喻等手法也被巧妙运用,以含蓄的方式揭示人物性格的深层含义。

二、现实主义小说的社会镜像作用

(一)反映社会现实

1.对真实性的追求

现实主义小说的核心在于其对真实性的不懈追求。作家们通过细致入微的观察和生动的笔触,力求将社会生活的各个方面原汁原味地呈现在读者面前。这种真实性不仅体现在对人物性格的塑造上,更体现在对时代背景、社会环境以及人际关系的准确描绘中。例如,巴尔扎克的《人间喜剧》系列,通过对法国 19 世纪社会各阶层的深入刻画,展现了那个时代复杂多变的社会风貌,使读者仿佛置身于那个时代的法国,亲身体验到社会的种种变迁。

2.深入社会本质的探索

现实主义小说不仅仅满足于表面的社会现象描述,它更致力于挖掘社会现象背后的本质和规律。作家们通过尖锐的笔触和深刻的分析,揭示出社会矛盾的根源,让读者在享受文学魅力的同时,也能对社会有更深入的理解。如托尔斯泰的《战争与和平》,不仅描绘了拿破仑入侵俄国的历史事件,更通过这一宏大背景,探讨了人性、爱情、信仰等深层次的社会问题,使读者在历史的洪流中感受到人性的光辉与暗淡。

3.多元视角的呈现

现实主义小说还通过多元视角的呈现,丰富了社会现实的维度。作家们往往采用第一人称、第三人称等多种叙述方式,甚至引入多线索并行的结构,以不同人物的视角来观察同一事件,从而展现出社会现实的多样性和复杂性。这种叙述手法不仅增强了小说的可读性,也让读者能够从多个角度理解社会现象,形成更加全面的社会认知。

（二）关注社会问题

1.社会问题的揭示

现实主义小说以其敏锐的洞察力,不断揭示出社会中的各种问题,通过揭示社会问题,引发公众的广泛讨论和关注。它像一面镜子,将社会的问题和矛盾映照出来,让人们无法回避。这种讨论不仅限于文学界,还会延伸到社会各个领域,形成一股强大的社会舆论力量,激发人们对新社会的向往。

2.促进社会进步

现实主义小说关注社会问题,不仅仅是为了揭示,更重要的是为了促进社会进步。它通过引发公众的思考和讨论,推动人们去寻找解决问题的途径和方法。许多社会改革和进步,都是在现实主义小说的启发下得以实现的。如易卜生的《玩偶之家》,通过对女性地位的思考和探讨,促进了社会对女性权益的关注和提升。

(三)提升审美能力

1.精妙的描绘技巧

现实主义小说以其精妙的描绘技巧,为读者提供了一场视觉和心灵的盛宴。作家们通过对人物心理、环境氛围、情节发展的细致刻画,让读者仿佛置身于小说的世界之中。这种描绘不仅体现在文字上,更体现在情感的传递和意境的营造上。如莫泊桑的《项链》,通过对主人公玛蒂尔德的心理变化的细腻描写,展现了人性的虚荣与纯真,使读者在品味文字的同时,也感受到了情感的波动。

2.独特的艺术风格

每一位现实主义作家都有其独特的艺术风格,这种风格不仅体现在语言的运用上,更体现在对小说结构的把握和情节的设计上。如福楼拜的《包法利夫人》，以其细腻的心理描写和巧妙的情节安排，展现了现实主义小说的魅力。读者在阅读中，不仅能够欣赏到作家独特的艺术风格，还能够从中汲取到艺术的灵感和创作的动力。

3.心灵的滋养与提升

现实主义小说不仅为读者提供了艺术上的享受，更在心灵上给予了滋养和提升。通过阅读现实主义小说，读者能够感受到人性的光辉与暗淡、生活的艰辛与美好，从而对生活有更深刻的理解和感悟。这种感悟不仅能够提升读者的审美能力，还能够让读者的心灵得到净化和升华。如高尔基的《母亲》，通过描绘母亲在革命中的成长和变化，展现了人性的伟大和坚韧，使读者在感动之余，也对生活充满了希望和勇气。

第二节　现代主义小说的心理深度

一、心理深度的艺术价值

（一）丰富文学形式

心理深度的挖掘在文学领域，尤其是现代主义小说中，扮演了至关重要的角色。它不仅拓宽了文学的表现边界，还极大地丰富了文学的形式与内涵。传统叙事往往侧重于外在事件的线性展开，而心理深度的探索则引领文学进入了一个全新的维度——人物的内心世界。这一转变，直接催生了如意识流小说、超现实主义小说等独特流派的诞生。意识流小说,如弗吉尼亚·伍尔夫的《到灯塔去》,通过自由联想、内心独白等手法,细腻地勾勒出人物复杂多变的心理活动,打破了时间与空间的界限,使读者能够直接感受到人物思绪的跳跃与情感的涌动。超现实主义小说,则借助梦境、幻觉等元素,将现实与潜意识交织在一起,创造出既奇异又真实的阅读体验。这些创新不仅丰富了文学的表现手法,也为读者提供了更为多元的阅读视角,使得文学作品在反映生活的同时,也能深入探索人性的深渊,展现出前所未有的艺术魅力。

(二)提供思考角度

现代主义小说通过对人物内心世界的深度剖析,为读者构建了一座桥梁,使他们能够跨越日常生活的表象,深入探索现实与人性的本质。在这类作品中,人物的心理状态不再仅仅是情节的附属品,而是成为推动故事发展、揭示主题思想的核心力量。例如,詹姆斯·乔伊斯的《尤利西斯》通过主人公布卢姆一天内的心理活动,展现了现代人面对生活琐碎、情感纠葛时的孤独与挣扎,引导读者反思在现代社会中个体身份的迷失与寻求。这样的心理描绘,不仅让读者得以窥见人物内心的微妙变化,更激发了他们对自我、对他人、对社会的深刻思考。现代主义小说以其独特的心理视角,鼓励读者跳出常规思维模式,从更深层次去理解人性的复杂多变,以及社会环境对个体心理的塑造作用,从而促进了人们思想的解放与深化。

（三）促进心理研究

现代主义小说中的心理描写，不仅为文学创作开辟了新的天地，也为心理学研究提供了丰富的实证材料与灵感来源。心理学家们发现，小说中细腻入微的心理刻画，往往能够真实反映人类在面对不同情境时的情感反应、认知过程及行为模式。通过分析这些文学作品，心理学家能够更直观地观察到人类心理的微妙变化，理解心理现象背后的深层机制。例如，西格蒙德·弗洛伊德的精神分析理论，就在很大程度上受到了文学作品，尤其是那些深入探讨潜意识、梦境与欲望的作品的影响。此外，小说中对人物心理冲突、性格发展、情感变迁的细腻描绘，也为心理学研究提供了案例，帮助学者构建和完善心理模型，进一步推动心理学理论的发展与实践应用。因此，现代主义小说不仅是文学的艺术瑰宝，也是心理学研究不可或缺的宝贵资源。

二、现代主义小说心理深度的表现手法

（一）内心独白

1.内心独白的功能

内心独白，简而言之，就是人物在内心进行的自我对话，它超越了言语的界限，直接展现了人物的内心活动。在现代主义小说中，内心独白不仅是人物情感宣泄的出口，更是推动情节发展、深化主题思想的重要手段。它帮助读者理解人物的行为动机,感受人物的喜怒哀乐,从而建立起与人物之间的情感联系。以卡勒德·胡赛尼的《追风筝的人》为例,主人公阿米尔的内心独白贯穿全书,成为连接过去与现在、自我救赎与成长的桥梁。阿米尔的独白中充满了对童年的回忆、对父亲的敬畏、对哈桑的愧疚以及对自我身份的质疑。这些独白不仅揭示了阿米尔内心的矛盾与挣扎,也展现了他在成长过程中的心理变化与成熟。通过阿米尔的内心独白,读者能够深刻体会到人物内心的复杂情感,以及他在面对生活困境时的选择与挣扎。

2.内心独白的艺术效果

内心独白的运用,使得现代主义小说在叙事上更加灵活多变,能够自由地穿梭于人物的内心世界与现实世界之间。它增强了小说的表现力,使人物性格更加鲜明,情节更加引人入胜。同时,内心独白也为读者提供了更多的思考空间,引导他们深入思考人性的复杂性与多样性。

(二)潜意识探索

1.潜意识的内涵

潜意识,根据深度心理学的理论,是指那些未被意识到的心理活动,包括被压抑的欲望、恐惧、记忆等。在现代主义小说中,潜意识探索成为揭示人物深层次心理动机、展现人物内心冲突与矛盾的重要手段。通过对潜意识的深入挖掘,小说能够更全面地展现人物的性格特征,增强故事的深度和复杂性。

2.施尼茨勒小说中的潜意识探索

奥地利作家施尼茨勒的小说作品,如《梦的故事》等,就巧妙地运用了潜意识探索的手法。他通过细腻的心理描写和梦境的描绘，揭示了人物内心深处的秘密与渴望。在施尼茨勒的笔下，人物的潜意识如同一面镜子，反映了他们最真实的自我。这种探索不仅丰富了小说的内容，也提升了其艺术价值。

3.潜意识探索的艺术价值

潜意识探索在现代主义小说中的运用，不仅增强了故事的神秘感和吸引力，还为读者提供了更多解读人物和情节的角度。它引导读者深入思考人性的复杂性，探索人类心灵的奥秘。同时，潜意识探索也丰富了小说的表现手法，使得现代主义小说在叙事上更加多样化和创新。

（三）情感与心理的细腻描绘

1.细腻描绘的优势

细腻描绘，指的是对人物情感和心理状态进行细致入微的刻画。在现代主义小说中，这种描绘往往通过细腻的笔触、生动的语言和丰富的细节来实现。它要求作者具备敏锐的观察力和深刻的洞察力，能够准确地捕捉到人物内心的微妙变化，并将其以艺术的形式呈现出来。在现代主义小说中，不乏细腻描绘的佳作。例如，弗吉尼亚·伍尔夫的《到灯塔去》中，通过对人物内心世界的细腻描绘，展现了人物在面对生活变迁时的心理波动和情感变化。这些描绘不仅让读者能够深入人物的内心世界，感受他们的喜怒哀乐，还引导读者思考生活的意义和价值。

2.细腻描绘的艺术体现

细腻描绘的运用,使得现代主义小说在情感表达上更加真挚动人,在心理刻画上更加深入细致。它增强了小说的感染力,使读者能够更加深刻地理解人物的情感世界和心理状态。同时,细腻描绘也为小说增添了更多的艺术魅力,使其成为文学领域中不可或缺的一部分。

第三节　后现代主义小说的叙事实验

一、叙事实验的主要功能

(一)推动文学创作的多样性和实验性

1.叙事手法的多元化探索

后现代主义作家们不再满足于传统的线性叙事或单一的叙事视角,而是积极尝试碎片化、多重叙事、非线性时间线等多样化的叙事策略。例如,大卫·米切尔的《云图》通过六个相互关联又独立成章的故事,展现了跨越时空的宏大叙事;而保罗·奥斯特的《纽约三部曲》则利用侦探小说的框架,巧妙融入元小说元素,模糊了真实与虚构的界限。这些叙事手法的创新,不仅丰富了文学的表现力,也为作家提供了更为广阔的创作空间,鼓励他们不断探索新的叙事可能。

2.文学体裁与风格的跨界融合

后现代主义小说的叙事实验还体现在对传统文学体裁和

风格的跨界融合上。作家们不再局限于某一特定的文学类型，而是将小说、散文、诗歌、戏剧等多种文体元素巧妙结合，创造出独特的"杂交"文体。如伊恩·麦克尤恩的《最初的爱情，最后的仪式》，其故事短小精悍，既有小说的情节性，又不失诗歌的意象与韵律，展现了文学体裁融合的魅力。这种跨界尝试，不仅拓宽了文学的表现领域，也促进了文学风格的多样化发展。

3.对传统叙事规范的挑战与超越

后现代主义小说的叙事实验，本质上是对传统叙事规范的一次深刻挑战与超越。它不再追求故事的完整性、逻辑的严密性或人物的典型性，而是更加注重叙事过程的开放性与不确定性。如托马斯·品钦的《万有引力之虹》，其复杂的叙事结构、晦涩的象征意象，以及对历史、科学、哲学等多领域知识的融合，构成了对传统叙事模式的一次大胆颠覆。这种挑战，不仅激发了作家的创作潜能，也为文学作品的创新性发展提供了无限可能。

（二）激发读者的思考和想象

1.促进深度阅读与思考

后现代主义小说的复杂叙事结构与多元叙事手法，要求读者在阅读过程中不断跳跃思维，进行深度的思考与解读。这种阅读体验，不同于传统小说的轻松消遣，而更像是一场智力的冒险。读者需要主动参与到文本的构建中，通过解读象征、联想意象、分析叙事结构等方式，逐步揭开故事背后的深层含义。

这一过程,不仅锻炼了读者的逻辑思维能力,也促进了他们对人性、社会、历史等深层次问题的思考。

2.激发想象力与创造力

后现代主义小说的叙事实验,往往伴随着丰富的想象与奇幻元素。无论是梦境的描绘、超现实的场景,还是对历史事件的重新诠释,都极大地拓展了读者的想象空间。有的小说会通过构建一个充满神秘与奇幻的世界,引导读者进入一个超越现实的思维领域。这种想象力的激发,不仅丰富了读者的阅读体验,也为他们的创造力提供了源源不断的灵感。

3.提升审美鉴赏与文化素养

后现代主义小说的叙事实验,还促进了读者审美鉴赏能力的提升与文化素养的积累。面对这些充满创新与挑战的作品,读者需要具备一定的文学素养与批判性思维,才能深入理解作品的内涵与价值。同时,后现代主义小说中对多元文化、历史背景、哲学思想的融入,也促使读者在阅读过程中不断拓宽视野,增进对世界的理解与认识。这种文化素养的提升,对于培养具有全球视野与人文关怀的现代读者具有重要意义。

二、叙事实验对于叙事手法的创新

(一)碎片化叙事

碎片化叙事,作为后现代主义小说中的一大创新手法,彻底颠覆了传统叙事的连贯性和完整性。在这一叙事模式下,故事情节被精心切割成无数个细小的片段,这些片段如同散落一地的拼图，各自独立却又暗含联系。作者通过巧妙的跳跃与交织，将不同时间、空间中的事件碎片重新组合，构建出一个看似破碎实则紧密相连的叙事宇宙。这种叙事方式不仅增加了故事的复杂性和层次感，更赋予了读者极大的解读空间。读者在阅读过程中，仿佛成为一名侦探，需要不断地拼凑线索，解读隐藏在碎片背后的深意，从而逐渐揭开故事的全貌。碎片化叙事不仅挑战了读者的阅读习惯，更促使读者在参与故事构建的过程中，对故事产生更深的理解和感悟。它让故事不再是单一线性的陈述，而是成了一个多维度、多层次的交互式体验，让读者在探索与解读中，感受到叙事艺术的无限魅力。

（二）多重叙事视角

多重叙事视角，是后现代主义小说中又一引人注目的叙事手法。它打破了传统小说中单一叙事视角的局限，通过不同人物的眼睛和声音，共同讲述同一个故事。每个角色都拥有自己独特的视角和感受，他们对故事的理解和诠释各不相同，从而呈现出故事的多维面貌。这种叙事方式不仅丰富了故事的情节和人物性格，更让读者能够从多个角度全面而深入地理解故事的内涵。在多重叙事视角的交织下，故事不再是单一的、平面的叙述，而是变成了一个立体、多元的叙事空间。读者在阅读过程中，可以自由地切换视角，体验不同角色的内心世界，从而更加全面地把握故事的脉络和主题。这种叙事手法不仅增强了故事的吸引力和感染力，更让读者在多重视角的碰撞与融合中，领略到叙事艺术的博大精深。

（三）非线性叙事

非线性叙事,是后现代主义小说中对传统时间观念的彻底颠覆。它不再遵循传统的时间顺序,而是采用倒叙、插叙、预叙等手法,将过去、现在和未来巧妙地交织在一起。在这种叙事方式下,时间不再是线性流动的,而是变得灵活多变、自由穿梭。非线性叙事不仅打破了时间的界限,更让故事呈现出一种更加自由、开放的形态。读者在阅读过程中,可以随着作者的笔触,在时间的长河中自由穿梭,体验不同时间点的故事情节。这种叙事方式不仅增强了故事的神秘感和悬念性,更让读者在时间的跳跃与交织中,感受到叙事艺术的无限可能。非线性叙事不仅是对传统叙事手法的挑战与突破,更是对叙事艺术边界的拓展与探索,它让读者在时间的迷宫中,寻找属于自己的故事线索,领略到叙事艺术的独特魅力。

三、叙事实验对传统叙事结构的颠覆

（一）解构经典叙事模式

1.经典叙事模式的解构

后现代主义小说不再拘泥于传统的线性叙事,而是大胆地对经典叙事模式进行解构。它们可能摒弃了明确的故事开头、发展、高潮和结局,转而采用非线性、跳跃式的叙事方式。这种叙事结构上的解构,使得故事变得更加碎片化、多元化,为读者提供了全新的阅读体验。

2.叙事元素的重组与创新

在解构经典叙事模式的同时,后现代主义小说还致力于叙事元素的重组与创新。它们可能将传统叙事中的元素如人物、情节、环境等进行重新排列组合,甚至引入全新的叙事元素,如多重叙事视角、交替叙述等。多重叙事视角的运用,使得故事不再局限于单一视角的叙述,而是从多个角度、多个层面展现故事的全貌。这种叙事方式不仅丰富了故事的层次感和立体感,还让读者能够从不同角度理解故事,产生更多的共鸣和思考。而交替叙述则是通过不同叙述者的交替讲述,构建出更加复杂多变的叙事结构。这种叙述方式不仅增强了故事的悬念和吸引力,还让读者在叙述者的转换中感受到不同叙述风格带来的阅读体验。

(二)模糊真实与虚构的界限

1.元小说的叙事策略

元小说是后现代主义小说中常用的一种叙事策略。它通过在小说中直接提及小说的创作过程、叙述技巧等元素,让读者意识到自己所阅读的是一个虚构的故事。这种叙事方式不仅模糊了真实与虚构的界限,还让读者在阅读过程中产生对故事真实性的质疑和思考。

2.反体裁的叙事尝试

后现代主义小说在反体裁叙事方面进行了大胆尝试,不再拘泥于传统的文学体裁如小说、散文等,而是将不同体裁的元素进行融合与创新,创造出全新的文学形式。这种反体裁的叙事尝试不仅丰富了文学的多样性,还让读者在阅读过程中感受到不同体裁带来的阅读体验。

3.模糊界限的艺术价值

通过元小说和反体裁等手法,后现代主义小说成功地模糊了真实与虚构的界限。这种模糊不仅让读者在阅读过程中产生对故事真实性的质疑和思考,还激发了他们对故事内涵和意义的深入探索。同时,模糊真实与虚构的界限也为后现代主义小说赋予了更多的艺术价值。它们以独特的叙事方式展现了世界的复杂性和多样性,让读者在阅读中感受到前所未有的审美体验。这种艺术上的创新不仅丰富了文学的表现形式,还提升了文学的艺术品位和审美价值。

第四节　网络小说的兴起与文化影响

一、网络小说的兴起

(一) 网络小说的萌芽与初期发展

网络小说,作为互联网时代文化浪潮中的一颗璀璨明珠,其兴起标志着文学传播与创作方式的深刻变革。回溯至 20 世纪 90 年代末,当互联网技术在中国逐渐普及时,一股新的文学力量悄然崛起。早期的网络小说,多以论坛为阵地,作者们以文字为桥,将心中的故事与情感传递给每一位点击阅读的网友。这些作品,以其通俗易懂的语言、贴近生活的情节和轻松幽默的风格,迅速吸引了大量年轻读者的目光。在那个信息尚不发达的年代,网络小说以其独特的魅力,成为许多人精神世界的慰藉,也为后来的网络文学繁荣奠定了坚实的基础。

(二)平台崛起使得网络小说类型多元化

进入 21 世纪,随着互联网技术的日新月异,网络小说迎来了前所未有的发展机遇。起点中文网、晋江文学城等专业平台的相继成立,不仅为作者提供了更为广阔的创作舞台,也为读者打开了通往多样化阅读世界的大门。这些平台,通过完善的发布机制、丰富的分类标签和便捷的搜索功能,极大地促进了网络小说的传播与分享。同时,网络小说的类型也迎来了爆炸式的增长,从玄幻、奇幻到言情、武侠,再到都市、历史等,各种题材的作品如雨后春笋般涌现,满足了不同读者群体的多元化阅读需求。这一时期的网络小说,不仅在内容上更加丰富多彩,也在形式上不断探索与创新,展现了网络文学独有的魅力与活力。

(三)产业链构建对于文化影响力的促进

随着网络小说市场的日益壮大,其商业价值与文化影响力也逐渐显现。出版社、影视公司等传统媒体开始纷纷涉足网络小说市场,通过改编、出版、拍摄等方式,将优秀的网络文学作品转化为纸质书、影视剧、动漫等多种形式的衍生品。这些衍生品的成功推出,不仅进一步扩大了网络小说的受众范围,也促进了网络文学与传统文化的深度融合。同时,网络文学奖项的设立与评选,如"网络文学十年盘点""年度最佳网络小说"

等,不仅表彰了优秀作品与作者,也提升了网络小说的社会地位与文化认可度。如今,网络小说已成为当代文化生态中不可或缺的一部分,其兴起不仅改变了人们的阅读习惯与审美方式,更在无形中推动着文化产业的创新性发展。

二、网络小说的文化影响

(一)繁荣文化市场

1.新兴文学形式注入市场活力

网络小说,这一植根于互联网土壤的文学新芽,以惊人的速度和蓬勃的生机,为文化市场注入了一股前所未有的活力。它打破了传统文学出版与传播的界限,以数字化、网络化的形式,让文学作品更加便捷地触及每一个渴望阅读的灵魂。网络小说的兴起,不仅丰富了文学创作的样式,更以其独特的魅力,如新颖的题材、接地气的语言、贴近生活的情节,吸引了广大读者的目光,特别是年轻一代的热烈追捧。在网络小说的推动下,文化市场呈现出前所未有的繁荣景象。一方面,网络小说的创作门槛相对较低,使得更多有文学梦想的人能够投身其中,极大地丰富了文学作品的产量和多样性;另一方面,网络小说的传播速度快、覆盖面广,通过各大网络平台和社交媒体,作品能够迅速积累人气,形成口碑效应,从而带动整个文化市场的消费热潮。这种由网络小说引发的文化市场活力,不仅促进了文学产业的快速发展,也为相关产业链,如影视改编、游戏开发、衍生品制作等,提供了丰富的素材和灵感来源。

2.丰富精神文化生活,满足阅读需求

在快节奏、高压力的现代生活中,网络小说以其轻松愉快的阅读体验、丰富多样的故事内容,成为学生放松心情、缓解压力的重要途径。无论是寻求心灵慰藉的温馨小说,还是充满想象力的奇幻作品,抑或是引人深思的社会题材,网络小说都能提供丰富的选择,满足不同读者的阅读偏好。更重要的是,网络小说在丰富学生精神文化生活的同时,也促进了校园阅读氛围的形成。随着网络小说的普及,越来越多的学生开始重视阅读,将阅读作为一种生活方式,一种提升自我、拓宽视野的方式。这种阅读习惯的养成,不仅提升了学生的文化素养,也为文化市场的持续发展奠定了坚实的基础。而网络小说的兴起,正是文化市场繁荣发展的重要标志,它以其独特的魅力和广泛的影响力,引领着文化市场不断向前发展。

(二)推动文学实现创新

1.题材与风格的多元化探索

网络小说作为当代文学领域的一股新生力量,以其独特的魅力和无限的创造力,不断推动着文学创作的多样化和多元化。在题材上,网络小说打破了传统文学的固有框架,不再局限于历史、现实、科幻等几大传统类别,而是将触角延伸至生活的方方面面,从都市异能、穿越重生到玄幻仙侠、悬疑推理,甚至是基于特定职业、文化背景的深度挖掘,如医生、律师、古风言情等。网络小说以其丰富的题材选择,满足了不同读者群体的多样化需求。在风格上,网络小说同样展现出前所未有的多样性。它融合了传统文学的经典元素与现代文化的流行符号,形成了既具有深厚文化底蕴又不失时代感的独特风格。无论是幽默诙谐的语言风格,还是深情细腻的情感描绘,抑或是惊险刺激的情节设置,网络小说都能以其独特的风格吸引读者,让人耳目一新。这种风格的多元化,不仅丰富了文学的表现形式,也为传统文学注入了新的活力,推动了文学整体的创新发展。

2.叙事手法的革新与突破

网络小说在叙事手法上进行了大胆的革新与突破,不再拘泥于传统的线性叙事,而是采用了多种叙事技巧,如倒叙、插叙、平行叙事等,使得故事结构更加灵活多变,情节发展充满悬念和惊喜。同时,网络小说还善于运用第一人称、第三人称甚至多视角叙述,让读者能够更深入地融入故事,感受不同角色的内心世界。更为值得一提的是,网络小说在叙事中融入了大量的互动元素,如选择题式剧情、读者投票决定故事走向等,这种创新的叙事方式极大地增强了读者的参与感和代入感,使得文学创作不再是作者单方面的表达,而是作者与读者共同创造的艺术。这种叙事手法的革新,不仅丰富了文学的表现手法,也推动了文学创作向更加开放、包容的方向发展,为文学的创新提供了无限可能。

(三)促进文化交流

1.网络小说是跨文化传播的媒介与纽带

网络小说,作为互联网时代孕育出的一种新型文学形式,不仅以其丰富的想象力、独特的叙事风格吸引了全球范围内的读者,更以其跨文化传播的特性,成为连接不同地域、不同文化之间的桥梁与纽带。在这个信息爆炸的时代,网络小说以其便捷的传播方式和广泛的受众基础,打破了传统文学的地域限制,让世界各地的读者都能够轻松地接触到来自异国他乡的文化故事,从而实现了文化的交流与融合。而且,网络小说的跨文化传播,不仅仅是一种文学作品的传递,更是一种文化价值观的共享。在阅读网络小说的过程中,读者不仅能够领略到不同文化背景下的风土人情、历史传说,还能够感受到作者对于生活、爱情、友情、正义等普遍价值观的独到见解。这种跨文化的阅读体验,不仅拓宽了读者的视野,也增进了他们对不同文化的理解和尊重,为构建人类命运共同体打下了坚实的文化基础。

2.网络小说对于文化认同与理解的增进

通过网络小说的传播,不同文化之间的界限被打破,人们开始以更加开放和包容的心态去接纳和理解其他文化。网络小说中的故事情节、人物形象、语言风格等,都成为文化交流的重要载体。它们以生动的形式展现了各种文化的独特魅力,让读者在享受文学乐趣的同时,也能够深刻体会到文化的多样性和丰富性。更为重要的是,网络小说在促进文化交流的过程中,还起到了增进文化认同和理解的作用。当读者在阅读来自不同文化的网络小说时,他们会不自觉地将自己置身于故事之中,与角色产生共鸣,从而更加深入地理解其他文化的思维方式和价值观念。这种情感上的共鸣和理解,是文化交流中最为宝贵的精神财富,它不仅能够促进不同文化之间的和谐共处,还能够为构建更加紧密的人类文化联系提供有力支撑。

(四)带动相关产业发展

1.IP 开发是文学与商业的桥梁

网络小说作为新时代文学的代表,其丰富的故事内容和庞大的读者基础,为 IP(知识产权)开发提供了肥沃的土壤。众多网络小说被改编成电影、电视剧、动漫、有声读物等多种形式,实现了从文字到视觉、听觉的全方位转化,极大地拓宽了原著的传播渠道和受众群体。如《斗破苍穹》《全职高手》等作品,通过影视化改编,不仅在国内市场收获高收视率,还成功走向国际,展示了中国网络文学的魅力。IP 开发不仅为原著作者带来了丰厚的经济回报,也为影视、动漫等产业注入了新鲜血液,促进了文化产业间的融合与发展。

2.影视剧改编是文学与视觉艺术的碰撞

影视剧改编是网络小说影响力扩展的重要途径,网络小说以其独特的叙事风格和丰富的想象力,为影视剧创作提供了源源不断的灵感。改编过程中,制作者们保留了原著的核心情节和人物设定,同时结合影视艺术的特点,进行适度的创新和改编,使得作品在保持原著精神的同时,又具备了更强的视觉冲击力和情感共鸣。如《琅琊榜》《甄嬛传》等改编自网络小说的电视剧,不仅在国内收获了极高的口碑和收视率,还成功出海,成为中国文化输出的重要载体。

(五)影响社会观念

1.反映社会价值观

网络小说作为当代文化的重要组成部分,其内容往往反映了社会的价值观和道德观念。许多作品通过描绘人物的成长经历、情感纠葛和人生选择,展现了作者对人性、爱情、友情、责任等主题的深刻思考。这些作品不仅为读者提供了精神食粮,也在无形中传递着社会的正能量和积极向上的价值观。其中的一些作品,通过展现普通人在困境中的奋斗与坚持,激励了无数读者面对生活的挑战。

2.塑造审美观

网络小说的多样性也为读者提供了丰富的审美体验。不同类型的作品以其独特的叙事风格、语言特色和人物塑造,引领着读者的审美取向。如玄幻小说的奇幻世界、言情小说的浪漫情怀、武侠小说的侠义精神等,都在不同程度上影响着读者的审美偏好。同时,网络小说中的美学元素,如服饰、建筑、风景等,也为读者提供了视觉上的享受和审美上的启迪。

3.引导生活方式

网络小说还以其贴近生活的情节和人物设定,引导着学生的生活方式和社交习惯。许多作品中的情节和人物行为,如网络购物、在线学习、虚拟社交等,都反映了当代社会的真实生活场景。这些作品不仅为读者提供了娱乐和消遣,也在无形中传递着新的生活方式和社交理念。如《微微一笑很倾城》等作品,通过描绘主角在虚拟世界中的社交经历,展现了当代年轻人对于网络社交的热爱和追求。

第五节 科幻小说的想象与预言

一、科幻小说的想象方式

(一)想象力的释放与拓展

1.文学创意与科学思维的结合

科幻小说,作为文学与科学交汇的璀璨星辰,其独特魅力在于将文学创意与科学思维巧妙融合,为读者编织出一幅幅超越现实的壮丽图景。文学创意,是科幻小说的灵魂,它赋予故事以情感深度、人物以鲜活生命,让每一个字句都跃动着想象的火花。而科学思维,则是科幻小说的骨架,它确保这些想象并非空中楼阁,而是基于科学原理的合理推测,让故事在奇幻中不失真实感。在科幻小说的世界里,作家们既是诗人也是科学家。他们像诗人一样,用文字描绘出绚烂多彩的异世界,让读者仿佛置身其中,感受那未知世界的奇妙与震撼。同时,他们又像科学家一样,严谨地构建故事中的科技体系、社会结构,甚至宇宙观,确保每一个细节都能经得起逻辑的推敲。这种文学创意与科学思维的完美结合,使得科幻小说既能够激发读者的想象力,又能够引导他们深入思考科技、人性、社会等深层次问题。例如,在阿西莫夫的《基地》系列中,作家通过"心理史学"这一科学设定,巧妙地将历史学与心理学相结合,构建了一个跨越千年的宏大叙事框架。这种设定不仅展现了作家非凡的文学创意，也体现了其对科学原理的深刻理解与运用。

2.时间与空间的无限可能

在科幻的世界里，时间不再是线性流逝的河流，而是可以被穿越、被扭曲的奇妙存在；空间也不再是局限于地球的三维框架，而是可以无限延伸、无限缩小的神秘领域。作家们利用这一特性，创造出了一个个令人叹为观止的故事。他们或让主角穿越时空，与历史人物共舞，见证历史的转折；或让他们遨游宇宙，探索外星文明的奥秘，感受宇宙的浩瀚与深邃。这些故事不仅满足了读者对未知世界的好奇心和探索欲，也让他们在阅读过程中体验到了时间与空间的奇妙变化带来的震撼与感动。如刘慈欣的《三体》系列中，作家通过"三体文明"这一设定，将读者的视野拓展到了遥远的宇宙深处。在这个故事中，时间不再是单一的维度，而是与空间相互交织、相互影响；空间也不再是静止不变的背景，而是充满了未知与可能性的广阔舞台。

（二）未来社会的构想

1.科技发展的极致想象

在科幻小说的广阔天地里，科技发展的极致想象如同一颗璀璨的星辰，引领着读者探索未知的未来世界。作家们以超凡的想象力，勾勒出科技高度发达、人类生活发生翻天覆地变化的壮丽图景。在这个未来社会中，科技不再仅仅是辅助工具，而是成为塑造世界、定义生活的主导力量。而且，在这个极致想象的科技世界里,人工智能已经超越了简单的计算和决策能力,它们拥有了自我学习、自我净化的能力,甚至能够与人类进行深度情感交流,成为人类不可或缺的朋友和伙伴。虚拟现实技术也达到了前所未有的高度,学生可以通过脑机接口直接进入虚拟世界,体验与现实截然不同的生活,甚至可以在其中创造属于自己的宇宙。而量子计算、纳米技术、生物技术等领域的发展,更是让人类拥有了改造自然、治愈疾病、延长寿命的神奇能力。这些科技的发展,不仅让人类的生活变得更加便捷和丰富,也带来了前所未有的挑战和机遇。科幻小说通过这些极致想象的科技发展,不仅展现了人类对未来的无限憧憬,也提醒学生思考科技发展的伦理边界和人类的责任担当。

2.社会结构与人类生活的变革

随着科技的飞速发展,科幻小说中的未来社会结构和人类生活也发生了深刻的变革。在这个未来世界里,传统的社会阶层和权力结构可能被打破,取而代之的是基于科技能力和知识水平的新的社会分层。教育和知识的获取成了决定个人社会地位和命运的关键因素,终身学习成为每个人的必然选择。同时,人类的生活方式也发生了翻天覆地的变化。随着智能家居、智能交通、智能医疗等技术的普及,人们的生活变得更加智能化和便捷化。人们可以在家中通过智能设备享受各种服务,出行时无须担心交通拥堵和安全问题,医疗健康也得到了全面的保障。此外,随着虚拟现实和增强现实技术的发展,人们的娱乐方式也变得更加多样化和沉浸式,可以在虚拟世界中体验各种奇妙的冒险和乐趣。

二、科幻小说的预言方式

（一）科技发展的预言

1.科幻小说中的科技设想与现实科技的对比

科幻小说,作为人类想象力的结晶,自古以来便是科技预言的温床。在这些充满奇思妙想的作品中,作者们以超凡的洞察力,勾勒出未来世界的科技蓝图,其中不乏许多设想在日后成为现实。例如,儒勒·凡尔纳的《海底两万里》中,潜艇的构想不仅令人惊叹,还在后来的技术发展中得以实现,成为现代海洋探索的重要工具。又如,阿西莫夫的《我,机器人》系列中,对于人工智能的伦理探讨与功能设定,预示了如今 AI 技术的广泛应用与随之而来的议题。而科幻小说中的科技设想与现实科技之间,既存在惊人的契合,也不乏巨大的差异。在小说中,星际旅行、时间穿越、超光速通信等概念屡见不鲜,但现实中,学生仍在为突破光速限制、实现深空探索而努力。科幻作品中的全息投影、瞬间移动等技术,虽然激发了科学家们的灵感,但至今仍未走出实验室,成为普及应用。这种差异,既反映了科技发展的复杂性与不确定性,也体现了人类对于未知世界无尽的向往与探索精神。科幻小说中的科技设想,往往是现实科技发展的催化剂。它们不仅激发了科学家的创造力,还促进了社会对科技进步的接受度与期待。许多曾经的科幻元素,如智能手机、无人机、虚拟现实等,如今已融入学生的日常生活,成为不可或缺的一部分。这种从想象到现实的转化,正是科幻小说与科技发展相互交织、相互促进的生动写照。

2.科幻小说预测科技发展趋势

科幻小说不仅是科技的镜像,更是科技未来的预言书。它通过构建一个个光怪陆离的未来世界,揭示了科技可能的发展方向与潜在影响。在刘慈欣的《三体》系列中,外星文明的接触与冲突,引发了人类对宇宙观的深刻反思,同时也预示着未来航天技术、星际通信的突破性进展。而且,科幻小说还常常聚焦于人工智能、生物技术、虚拟现实等前沿领域,探索这些技术可能对人类社会结构、生活方式带来的根本性变革。如威廉·吉布森的《神经漫游者》中,网络空间与现实世界的深度融合,预示了未来数字经济的崛起与个人信息安全的挑战。这些预测,虽然带有浓厚的虚构色彩,却为科技研究者提供了宝贵的思考角度,促使他们在追求技术突破的同时,更加关注技术的社会影响。此外,科幻小说的预测价值,在于它能够超越当前科技的局限,以超前的视角审视未来。它鼓励学生不仅关注技术"能做什么",更思考"应做什么",从而在科技快速发展的今天,为人类社会构建一个更加理性、可持续的未来愿景。科幻小说中的科技发展趋势预测,虽非精确无误,却无疑为学生提供了一扇窥见未来的窗口,激发着人类对未知世界的无限遐想与探索热情。

(二)社会变迁的镜像

1.科幻小说对现实社会问题的反思

科幻小说,作为文学与科学的交汇点,不仅以其天马行空的想象吸引着读者,更以其深邃的社会洞察力成为现实社会问题的一面镜子。在这些虚构的未来世界中，作者们巧妙地将当代社会的矛盾、冲突与挑战融入其中，通过夸张或变形的艺术手法，促使读者对现实进行深刻的反思。例如，在奥威尔的《1984》中，那个被极权统治、个人隐私被彻底剥夺的世界，无疑是对当时及未来可能出现的极权主义倾向的一种警示。小说中的"老大哥"形象，成为对权力滥用、言论自由受限的深刻隐喻，促使人们思考如何在科技日益发达的同时，保护个人的自由与权利。科幻小说以其独特的视角，揭示了现实社会中的种种现实问题，促使人们在享受科技带来的便利的同时，更加关注那些被忽视的社会问题。

2.科幻小说充分反映和预测社会变革

科幻小说不仅是现实社会问题的反映，更是社会变革的预言家。它以其超前的想象力，描绘出未来社会的可能图景，为读者提供了一个思考、探讨与准备未来变化的平台。在刘慈欣的《三体》系列中，随着外星文明的介入，人类社会面临着前所未有的挑战与机遇。小说不仅展现了科技在应对外星威胁中的重要作用，更深刻地探讨了人类文明在宇宙尺度下的渺小与脆弱。这种对未来的设想，不仅激发了人们对科技发展的期待，更促使人们思考如何在全球化、宇宙化的背景下，构建更加和谐、可持续的人类命运共同体。又如，吉布森的《神经漫游者》中，网络空间的兴起与虚拟现实的普及，彻底改变了人们的生活方式与社会结构。小说中的黑客、人工智能、虚拟现实等元素，不仅是对当时科技发展趋势的敏锐捕捉，更是对未来社会变革的深刻预测。它提醒学生，在享受科技带来的便捷与乐趣的同时,也要警惕技术滥用、信息安全等潜在风险。而且,科幻小说以其独特的想象力与预见性,成为连接现实与未来的桥梁。它不仅反映了当代社会的种种问题与挑战,更预测了未来社会的可能走向与变革趋势。通过阅读科幻小说,学生可以更加全面地理解现实、思考未来,为应对即将到来的社会变革做好充分的准备。

(三)基于科学原理的合理推测

1.科幻小说是科学原理的延伸

科幻小说,作为文学与科学交织的瑰宝,其魅力在于它不仅仅是对未知世界的幻想,更是基于现有科学原理的合理推测与延伸。作家们以敏锐的观察力和丰富的想象力,捕捉科技发展的脉搏,将当前科技趋势作为灵感的源泉,编织出一幅幅未来世界的壮丽图景。在这些小说中,常能看到对人工智能、量子计算、太空探索等领域的深刻洞察。例如,随着人工智能技术的飞速发展,科幻作家们构想出了能够独立思考,甚至超越人类智慧的 AI 角色,它们或成为人类生活的助手,或引发深刻的伦理思考。这样的推测,虽然带有一定的虚构色彩,但却深深植根于对人工智能技术的理解和分析之中,为我们提供了思考未来技术影响社会的视角。同样,在量子计算领域,科幻小说中的"量子纠缠"通信、瞬间移动等概念,虽然看似遥不可及,但实际上都是基于量子物理学的基本原理进行的合理想象。这些推测不仅激发了科学家对量子技术应用的探索热情,也促使公众对量子科学产生了浓厚的兴趣,推动了科学知识的普及。而且,科幻小说还常常关注太空探索的无限可能,从星际旅行到外星文明的接触,每一个设想都蕴含着对宇宙奥秘的好奇与向往。这些推测虽然大胆,但往往基于天文学、航天技术等领域的最新进展,让学生在享受阅读乐趣的同时,也能感受到科学探索的无限魅力。

2.科幻推测

科幻小说的推测,虽然不一定都能成为现实,但它们却以其独特的想象力和前瞻性,为科技创新提供了宝贵的灵感和启示。在许多情况下,科幻作品中的设想成为科学研究和技术开发的重要参考,甚至直接推动了某些技术的诞生和发展。比如,科幻小说中对虚拟现实技术的描绘,激发了科技界对这一领域的深入研究和开发。如今,虚拟现实技术已经广泛应用于游戏、教育、医疗等多个领域,为人们的生活带来了前所未有的体验。同样,科幻小说中对可穿戴设备、智能家居的想象,也促进了相关技术的快速发展,让人们的生活变得更加便捷和智能。

此外,科幻小说中的环保理念、能源解决方案等,也为解决现实世界中的环境问题提供了思路。例如,一些科幻作品中提出的利用太阳能、风能等可再生能源的方案,以及通过科技手段实现资源循环利用的设想,都在一定程度上启发了现实中的环保技术和政策制定。因此,科幻小说的推测不仅是一种文学上的创作,还是一种对未来的积极探索和预见。它们以科学原理为基础,以想象力为翅膀,引领着我们走向一个更加科技化、智能化的未来。在这个过程中,科幻小说不仅丰富了我们的精神世界,更成为推动科技进步和社会发展的重要力量。

模块三　影视文学与创作

第五章 影视文学与跨文化

第一节 影视文学的艺术特征

一、综合性艺术特征

(一)影视文学中的声音艺术

影视文学,作为综合性的艺术形式,其独特魅力在于将多种艺术元素巧妙融合,共同构建出一个立体而生动的叙事空间。其中,声音作为不可或缺的一环,承载着传递情感、塑造氛围、推动情节发展的重任。在剧本创作中,声音要素被精心设计,不仅涵盖了现实环境中的自然音响,如风声、雨声、车流声等,还包含了角色间的对白、内心独白的细腻表达,以及音乐的旋律与节奏,这些元素共同打造出一部影视作品的听觉盛宴。音乐,尤其是主题曲,往往能成为影片的灵魂,深化主题,激发观众的情感共鸣。而"无声"或"静音"的运用,则是一种更高层次的艺术处理,它能在特定情境下产生强烈的对比效果。如《钢铁是怎样炼成的》中保尔·柯察金经历生死抉择后的"无声"场景,便以静默的力量展现了人物内心的挣扎与重生,使得情感表达更加深沉而富有张力。声音与画面的有机结合,是判断剧本成功与否的关键,它们相互映衬,共同构建起影视作品的节奏与情感基调,让观众在视听的双重体验中沉浸于故事的世界。

(二)光线运用

在剧本构思阶段,创作者就会根据剧情需要,精心设计每一场戏的光线布局,包括光源的选择、光线的强弱、色彩与角度的变化等,以期达到最佳的视觉效果。光线不仅能够照亮场景,更能够揭示角色的心理状态,推动情节发展。例如,在表现紧张、悬疑的氛围时,可能会采用暗淡、阴郁的光线;而在展现欢乐、温馨的场景时,则可能使用明亮、温暖的光线。通过光线的巧妙运用,影视作品能够创造出丰富的视觉层次,引导观众的注意力,增强画面的表现力。此外,光线的变化还能与剧情发展形成呼应,如日出日落象征着希望的升起与消逝,光影的交错则预示着人物命运的波折与转折,从而在视觉层面深化了作品的主题意蕴。

(三)道具与场景布置

影视文学中的道具与场景布置,虽看似细微,实则蕴含深意,是构建故事世界、展现时代背景、反映人物性格不可或缺的元素。每一件道具的选择与摆放,每一个场景的搭建与装饰,都需经过深思熟虑,以确保它们能够与剧情紧密相连,成为推动故事发展的"隐形推手"。道具不仅作为剧情发展的辅助工具,如一把枪可能预示着冲突的到来,一封信可能揭开尘封的秘密,还能够通过其背后的文化符号,传递时代信息,丰富作品的内涵。场景布置则通过色彩、布局、装饰风格等细节,营造出特定的时空背景,使观众能够迅速融入故事情境,感受到作品所传达的情感与氛围。例如,一部讲述古代宫廷生活的影视作品,其场景布置就需精心还原那个时代的建筑风格、服饰特色与生活习俗,从而让故事更加真实可信,引人入胜。正是这些看似不起眼的细节,构成了影视作品独特的艺术魅力,让每一个镜头都充满故事,每一帧画面都饱含深情。

二、运动性艺术特征

(一)影视镜头的动态构成与艺术表现力

1.镜头的运动性与视觉冲击力

影视文学作为一种独特的艺术形式,其核心在于通过影视镜头的动态构成来展现故事、塑造人物和传达情感。影视镜头,作为影视作品的最小结构单位,不仅是影像记录的基本单元,更是艺术表达的关键元素。从《魂断蓝桥》的 59 个镜头到《天云山传奇》的 951 个镜头,每一个镜头都承载着特定的叙事功能和审美价值,共同构建起影视作品的丰富内涵和独特魅力。而影视镜头的运动性是影视文学区别于其他文学形式的重要标志。在拍摄过程中,拍摄对象的运动(如人物的行走、奔跑、表情变化等)与摄影(像)机的运动(如推、拉、摇、移、跟等)相互结合,形成了动态的画面效果。这种运动不仅使影视作品能够直观、生动地展现事物的变化过程,还通过镜头的运动节奏和速度变化,营造出不同的情感氛围和视觉冲击力。例如,在紧张刺激的情节中,快速切换的镜头和剧烈的摄影机运动能够加剧观众的紧张感;而在温馨浪漫的场景中,平缓的镜头移动和细腻的特写则能传递出细腻的情感和温馨的氛围。

2.特写与近景

特写和近景镜头是影视文学中常用的表现手法,通过放大人物的面部表情、手部动作等细节,使观众能够更清晰地感受到演员的微妙情绪和细腻动作。这种放大处理不仅增强了画面的表现力,还使得影视作品在传达情感、刻画人物性格方面更加深入和细腻。特写镜头往往能够捕捉到演员眼神中的闪烁、嘴角的微妙上扬等细微变化,从而揭示出角色内心的复杂情感和思想波动。

3.声音的融入

影视镜头的艺术表现力不仅仅体现在画面上,还体现在与声音的巧妙结合上。对话、音乐和音响效果作为活动画面的三大声音元素,与画面内容相互映衬、相互补充,共同构成了影视镜头的完整艺术表现。对话不仅传递了剧情信息,还通过语调、语速等变化展现了人物的性格和情感状态;音乐则通过旋律和节奏的变化,为画面营造出特定的情感氛围和审美意境;音响效果则增强了画面的真实感和现场感,使观众仿佛置身于故事发生的场景中。声音与画面的同步对位使人物言行更加完整、清晰地展示出来,而画面与声音的分离则产生了一种言已尽、意无穷的艺术效果,留给观众更多的想象空间和审美体验。

（二）运动性艺术特征在影视文学中的审美价值

1.真实性与逼真性

影视镜头的运动性和声音的结合使得影视作品在表现现实生活方面具有极高的真实性和逼真性。镜头的运动捕捉到的生活细节和人物动态,以及声音元素的加入,使得影视作品能够生动地再现现实生活的场景和氛围,使观众产生身临其境的感觉。这种真实性和逼真性不仅增强了影视作品的感染力,还使得观众在观影过程中能够更容易地产生共鸣和情感投射。

2.情感表达与共鸣

影视文学的运动性艺术特征为情感表达提供了丰富的手段。通过镜头的运动、特写与近景的运用以及声音元素的巧妙搭配,影视作品能够深入挖掘和展现人物内心的复杂情感和思想波动。这种情感表达不仅使得影视作品更加具有深度和内涵,还能够激发观众的情感共鸣和心灵震撼。观众在观影过程中能够随着剧情的发展而感受到人物的喜怒哀乐,从而产生强烈的情感共鸣和审美体验。

3.艺术创新与审美多样性

影视文学的运动性艺术特征为艺术创新提供了广阔的空间。导演和摄影师可以通过镜头的运动、剪辑的节奏以及声音的设计来创造出独特的艺术风格和审美效果。不同的导演和摄影师有着不同的艺术追求和创作风格,他们通过运用不同的镜头语言和声音元素来展现自己的艺术个性和审美追求。这种艺术创新不仅使得影视作品更加丰富多彩和独具特色,还推动了影视艺术的发展和进步。同时,这种审美多样性也满足了观众不同的审美需求和审美期待,使得影视作品能够吸引更广泛的观众群体并产生深远的影响。

三、蒙太奇艺术特征

(一)蒙太奇的定义与核心机制

1.蒙太奇的起源与概念界定

蒙太奇,这一术语源自法语,原意为"构成"或"装配",在影视艺术的语境中,它被赋予了更为丰富的内涵,特指通过剪辑和组合画面、声音、色彩等多元元素,构建出超越单个元素总和的新的意义与情感表达。在影视制作流程中,蒙太奇是连接剧本与最终成品的桥梁,它使得分散的镜头在特定的叙事逻辑下相互关联,形成连贯、富有张力的故事情节,是影视艺术中独特且不可或缺的艺术手法。

2.蒙太奇的核心机制

蒙太奇的艺术魅力在于其能够激发观众的心理联想,通过镜头的并置与对比,创造出超越镜头本身含义的新质意象。正如爱森斯坦所言,两个镜头的组合不仅仅是物理上的拼接,更是心理上的联结与意义的增值。当观众观看一系列精心编排的镜头时,每个镜头留下的视觉印象会在大脑中形成记忆,随后出现的镜头会触发对这些记忆的回溯与重新组合,从而在观众心中生成新的情感体验与理解。这种心理过程不仅增强了影片的叙事深度,也丰富了观众的情感体验,使得影视作品成为一种高度互动的艺术形式。

(二)蒙太奇的艺术功能与表现技巧

1.蒙太奇的艺术功能

(1)叙事功能的强化

蒙太奇通过镜头的有序排列,实现了对故事时间的灵活处理,如闪回、闪前等技巧的运用,打破了线性叙事的局限,使得影片能够自由地穿梭于过去、现在与未来之间,增强了叙事的层次感与吸引力。同时,蒙太奇还能通过镜头的快慢变化、重复与省略等手法,调节叙事节奏,使故事更加紧凑有力,引人入胜。

(2)情感与氛围的营造

蒙太奇通过镜头的对比、并列与象征等手法,巧妙地营造出特定的情感氛围,使观众在视觉与听觉的双重刺激下,深刻感受到影片所传达的情绪与意境。例如,通过冷暖色调的对比,可以强化影片的戏剧冲突与情感张力;通过相似场景的并列,可以营造出一种宿命感或循环往复的哲学思考。

(3)主题思想的深化

蒙太奇是影视作品深化主题、传达思想的重要手段。通过镜头的选择与组合,影片可以巧妙地隐喻、象征或讽刺现实,引发观众对人生、社会、历史等问题的深刻思考。如《肖申克的救赎》,通过雨夜中安迪逃离监狱与自由天空下大雨的蒙太奇对比,深刻表达了主人公对自由的渴望与追求,以及对社会不公的控诉。

2.蒙太奇的表现技巧

（1）对比蒙太奇

对比蒙太奇通过两个或多个在内容、形式或情感上形成鲜明对比的镜头组合，产生强烈的视觉冲击与情感反差，从而突出影片的主题或强化某种特定的情感。

（2）并列蒙太奇

并列蒙太奇将两个或多个看似无关的镜头并置在一起，通过观众的联想与解读，揭示出它们之间的内在联系或共同主题。这种手法常用于表现人物的内心世界、平行叙事或象征性意义，如《盗梦空间》中多层梦境的并列展示，不仅丰富了叙事维度，也深化了对梦境与现实界限的探讨。

（3）隐喻蒙太奇

隐喻蒙太奇通过镜头的象征性表达，将抽象的概念或情感具象化，使观众在直观的视觉体验中领悟到更深层的含义。如《少年派的奇幻漂流》中，老虎与少年共同漂流的场景，不仅是对生存挑战的直观描绘，更是对人性、信仰与自我救赎的深刻隐喻。

（4）心理蒙太奇

心理蒙太奇通过镜头的剪辑与组合，直接展现人物的内心世界，如梦境、幻想、回忆等，使观众能够深入人物的内心，感受其情感波动与心理变化。如《泰坦尼克号》中，老年露丝回忆年轻时的爱情，通过心理蒙太奇的手法，将现实与回忆交织在一起，营造出一种跨越时空的情感共鸣。

四、影视文学的视像性艺术特征

(一)影视文学的视像性核心要求

影视文学,作为一种独特的文学形式,其核心在于视像性。这一特性要求影视文学剧本在创作过程中,必须将抽象的文字信息巧妙地转化为具象的图像信息,使得文本本身即蕴含强烈的视觉效果和生动的画面感。这种转化不仅是文字到图像的简单映射,更是一种艺术再创造的过程,它要求作者具备高度的视觉想象力和影像构思能力。在影视文学中,文字不再是单纯的信息载体,而是成为激发观众视觉想象的触发器,每一个场景、每一个动作、每一句对话,都应能在读者的脑海中勾勒出清晰、具体的画面。这种视像性的核心要求,使得影视文学在表达上更加注重直观性和形象性,从而与传统的纯文字文学形成了鲜明的对比。通过视觉化的叙述方式,影视文学不仅丰富了文学的表现手法,也极大地拓宽了读者的阅读体验和审美视野,使文学作品以更加多元、立体的方式呈现于读者面前。

(二)情节发展的视觉化呈现

影视文学中情节的发展是推动故事前进的关键。然而,与传统的文字叙述不同,影视文学要求情节的发展必须通过视觉化的方式来呈现。这意味着,作者需要巧妙地运用场景描写、动作描述和人物行为等视觉元素,来构建和推进故事情节。冗长的对话和说明语言在这里被尽量避免,因为它们是视觉化叙述的障碍。相反,作者应善于捕捉那些能够直接转化为画面的瞬间,通过细腻的笔触和生动的描绘,将情节的发展直观地展现在读者眼前。这种视觉化的呈现方式,不仅使得情节更加紧凑、引人入胜,还能够激发读者的想象力,使他们在阅读过程中仿佛置身于故事之中,与角色同呼吸、共命运。通过这种方式,影视文学成功地将文字与图像相结合,创造出一种全新的叙事体验。

(三)人物塑造与环境展示的直观表达

影视文学中人物塑造和环境展示是构成故事世界的两大基石。为了符合影视文学的视像性特征,这两方面都必须通过直观的表达方式来呈现。对于人物塑造而言,作者需要通过具体的行为、语言、外貌描述等,来刻画角色的性格特点和心理状态。这些描述应具有很强的画面感,能够让读者在脑海中清晰地勾勒出角色的形象。同时,环境展示也是影视文学中不可或缺的一部分。通过细腻的景物描写、空间布局和氛围营造,作者可以构建出一个真实而富有感染力的故事环境。这种环境不仅为人物活动提供了背景,还能够深化故事主题,增强故事的代入感和沉浸感。

第二节　中国电影文学的表达与影响

一、中国电影文学的主要表达方式

（一）视觉化表达

1.画面感强

中国电影文学,作为连接文学与影视艺术的桥梁,自始至终都秉持着对画面感极致追求的理念。画面感,这一核心要素,不仅是中国电影文学的灵魂,更是其区别于传统文学的重要特征。在中国电影文学中,画面感强不仅意味着文字的直观性和生动性,还是一种将抽象情感与具象画面完美融合的艺术技巧。为了实现这一目标,中国电影文学作家们精心雕琢每一句描述,力求通过细腻的场景描写,将读者带入一个又一个栩栩如生的画面之中。他们运用丰富的想象力,将山川河流、城市街巷、人物表情乃至细微的动作都刻画得淋漓尽致,仿佛一幅幅精美的画卷在读者眼前缓缓展开。这种对细节的极致追求,不仅增强了故事的真实感,更使得每一个场景都充满了强烈的视觉冲击力,让人仿佛置身于电影的画面之中。色彩,作为画面感的重要组成部分,在中国电影文学中同样占据着举足轻重的地位。作家们巧妙地运用色彩来营造氛围、传达情感,使得每一个画面都充满了生命的活力和情感的张力。无论是绚烂的晚霞、苍白的月光,还是鲜艳的服饰、暗淡的背景,都通过色彩的巧妙搭配,为故事增添了一抹抹动人的色彩。此外,中国电影文学还注重通过动作描述来增强画面感。无论是人物的奔跑、跳跃,还是细微的眼神交流、手指轻触,都通过精准的文字描绘,使得每一个动作都仿佛跃然纸上,成为推动故事情节发展的重要力量。这种对动作的细腻刻画,不仅丰富了画面的内容,更使得人物性格和情感得到了更加深刻的展现。

2.蒙太奇手法

蒙太奇,这一源自西方电影的剪辑手法,自被引入中国电影文学以来,便以其独特的魅力和无限的创造力,为故事的叙述和情感的传达注入了新的活力。在中国电影文学中,蒙太奇手法不仅仅是一种简单的镜头切换或组合,还是一种通过画面的拼接和对比,来传达特定情感和意义的高超艺术。通过蒙太奇手法,中国电影文学作家们能够巧妙地将看似毫无关联的画面连接起来,形成一种全新的、富有深意的叙述方式。这种手法不仅使得故事的叙述更加紧凑有力,避免了冗长和拖沓,还通过画面的对比和冲突,激发了观众的思考和想象空间。每一个镜头的切换,都仿佛是一次心灵的跳跃,引领着观众在故事的海洋中自由穿梭。在电影文学中,蒙太奇手法的应用更是灵活多变、不拘一格。有时,它通过时间的跳跃和空间的转换,来展现人物内心的挣扎和变化;有时,它则通过不同场景的对比和呼应,来揭示故事的主题和深层含义。这种手法的巧妙运用,不仅使得故事更加丰富多彩、层次分明,还使得观众在欣赏的过程中,能够不断地产生新的感悟和思考。蒙太奇手法还为中国电影文学提供了一种全新的情感表达方式。通过画面的拼接和对比,作家们能够更加深入地挖掘人物内心的情感世界,将那些难以言说的情感以直观、生动的方式呈现出来。这种情感的视觉化表达,不仅增强了故事的感染力,还使得观众在情感上与人物产生了更加深刻的共鸣。因此,可以说蒙太奇手法在中国电影文学中的应用,不仅丰富了故事的叙述方式,还提升了作品的艺术价值和审美意义。它使得中国电影文学在保持传统文学魅力的同时,又融入了现代影视艺术的元素,为观众带来了一种全新的阅读体验和审美享受。

(二) 文化内涵

1.深厚的文化底蕴

在许多经典的中国电影文学作品中,可以看到对古代诗词歌赋的引用,对传统节日、习俗的细腻描绘,以及对传统美德,如忠诚、孝顺、勇敢的颂扬。这些元素不仅为故事增添了浓郁的文化气息,也让观众在欣赏电影的同时,感受到中华优秀传统文化的博大精深。例如,《霸王别姬》中京剧元素的融入,不仅展示了中国传统戏曲的魅力,也通过剧中人物的命运变迁,反映了时代变迁下的人性挣扎与文化坚守。此外,中国电影文学还善于从历史故事中汲取灵感,将历史事件或人物以现代视角重新诠释,既保留了历史的真实感,又赋予了新的时代意义。这种对历史文化的现代解读,不仅加深了作品的文化内涵,也促进了传统文化在当代社会的传承与发展。如《大明宫词》通过对唐朝宫廷生活的艺术再现,展现了唐代文化的辉煌与复杂,让观众在视觉盛宴中领略到古人的智慧与情感。中国电影文学深厚的文化底蕴,不仅为作品提供了丰富的精神养料,也使其在国际舞台上展现出独特的文化魅力,成为连接不同文化背景的观众、促进文化交流与理解的桥梁。

2.民族特色

中国电影文学在表达上,始终秉持着对民族特色的坚守与创新,通过细腻的人物刻画、生动的情节设置以及独特的艺术风格,向世界展示着中国文化的独特韵味。这种民族化的表达,不仅体现在对地域风情的精准捕捉上,更在于对民族精神、价值观念的深刻挖掘与传递。在中国电影文学中,人物往往承载着丰富的民族文化信息。无论是勤劳朴实的农民、机智勇敢的侠客,还是温婉贤淑的仕女、坚韧不拔的战士,他们的性格特征、行为方式都深深烙印着中华民族的印记。通过这些人物的故事,电影文学展现了中国人对于家庭、友情、爱情的执着追求,以及对于正义、和平的坚定信念。同时,中国电影文学在情节设置上也注重体现民族特色。无论是讲述民间传说的奇幻故事,还是反映社会变迁的现实题材,都巧妙地融入了中国的传统节日、习俗、信仰等元素,使得故事更加贴近民众生活,富有生活气息。这种情节设计不仅增强了观众的代入感,也让外国观众能够通过电影这一窗口,窥见中国社会的多彩面貌。此外,中国电影文学在艺术风格上也独树一帜,如水墨画的意境营造、戏曲元素的巧妙融合、武术动作的优美展现等,都彰显了中国文化的独特美学。这些艺术手法不仅丰富了电影的表现力,也为中国电影文学在国际影坛上赢得了独特的地位与赞誉。通过民族特色的展现,中国电影文学不仅增强了观众的认同感,也为世界文化的多样性贡献了宝贵的力量。

二、中国电影文学的影响

(一)推动电影产业的发展

1.提供丰富素材

在中国电影的发展历程中,众多经典影片均源自对文学作品的改编或再创作,这一过程不仅丰富了电影市场的多样性,更深层次地满足了观众对于精神文化的需求。文学作品,尤其是那些经过时间沉淀的经典之作,往往蕴含着深刻的人生哲理、丰富的情感世界和独特的社会观察。当这些元素被转化为电影语言时,它们为电影增添了无与伦比的深度与广度。从古代的历史传奇、民间的神话故事,到现代的社会写实、人性的深刻剖析,中国电影文学为电影创作者提供了取之不尽、用之不竭的创作灵感。如《红楼梦》《西游记》等古典名著的多次影视化尝试,不仅让这些故事以新的形式走进千家万户,也让观众在视觉与情感的双重体验中,感受到中国文化的深厚底蕴。此外,中国电影文学还通过原创剧本的涌现,为电影产业注入了源源不断的活力。这些剧本往往聚焦于当下社会热点、人性探索或文化反思,以独特的视角和新颖的故事情节吸引观众。它们的出现,不仅拓宽了电影的类型边界,也提升了电影的艺术价值和社会意义。正是这些丰富多样的文学素材,使得中国电影市场能够不断推出新颖、有深度的作品,满足观众日益增长的观影需求。

2.提升电影质量

文学作品作为电影创作的重要蓝本,其叙事结构的精妙、人物形象的饱满以及语言艺术的魅力,都为电影创作者提供了宝贵的借鉴。在叙事方面,中国电影文学善于运用多种叙事手法,如倒叙、插叙、平行叙事等,来构建复杂而引人入胜的故事框架。这些叙事技巧在电影中的应用,不仅增强了故事的层次感,也使得观众在观影过程中能够更深入地理解角色的内心世界和故事的深层含义。人物塑造方面,中国电影文学注重通过细腻的心理描写、生动的行为表现来刻画角色。这些人物形象往往具有鲜明的个性和深刻的情感,能够在观众心中留下深刻的印象。在电影创作中,这些人物形象被转化为可视化的角色,通过演员的精湛表演和导演的巧妙安排,使得角色更加鲜活、立体。而视觉化表达则是中国电影文学的另一大亮点。文学作品中的景物描写、色彩运用和意象构建,为电影提供了丰富的视觉元素。电影创作者通过镜头语言、画面构图和色彩搭配等手段,将这些视觉元素转化为震撼人心的电影画面,为观众带来极致的视觉享受。这种视觉化表达不仅提升了电影的艺术美感,也使得电影能够更好地传达故事的情感和主题。

(二)继承与发展传统文化的传承

1.传承传统文化

在这片光影交织的艺术殿堂中,每一部作品都是对悠久历史与深厚文化底蕴的一次深情回望与致敬。电影文学通过细腻入微的镜头语言、生动鲜活的人物塑造以及引人入胜的情节设计,将中国传统文化的精髓巧妙融入现代叙事之中,使古老的文化基因在现代社会焕发出新的生机与活力。在这一过程中,中国电影文学不仅关注传统文化的外在表现形式,如服饰、建筑、节日习俗等,更注重挖掘其内在的精神价值与文化理念。无论是《红楼梦》中复杂微妙的家族伦理,还是《西游记》里不屈不挠的取经精神,抑或是《水浒传》中快意恩仇的江湖义气,这些经典作品通过电影的重新演绎,不仅让观众领略到了传统文化的独特魅力,更在潜移默化中传递了中华民族的传统美德与价值观。电影成为一种跨越时空的媒介,连接着过去与现在,让年轻一代在享受视觉盛宴的同时,也能深刻理解并认同自己的文化根源。此外,中国电影文学还通过国际交流与合作,将传统文化的魅力推向世界舞台。许多影片在国际电影节上获奖,不仅展示了中国电影的艺术成就,也为中国文化的国际传播开辟了新途径。这些作品以其独特的文化视角和深刻的艺术内涵,赢得了全球观众的喜爱与尊重,促进了中外文化的交流与互鉴,进一步提升了中华文化的国际影响力。

2.推动文化创新发展

　　面对全球化的浪潮与信息技术的飞速发展,中国电影文学勇于探索,将西方电影的先进叙事技巧和表现手法与中国文化的独特韵味相结合,创造出既具有国际视野又不失本土特色的电影作品。这种创新不仅体现在叙事结构的多元化上,如非线性叙事、时空交错等手法的运用,使得中国电影文学在讲述传统故事时能够呈现出更加新颖、富有张力的视觉效果;还体现在对传统文化元素的现代解读与重构上,通过将传统符号与现代审美相结合,赋予其新的生命力和时代意义。例如,将古典诗词融入现代对话,用现代舞蹈演绎古代传说,或是通过科幻元素探讨传统文化的未来走向,这些尝试都展现了中国电影文学在文化传承与创新上的无限可能。同时,中国电影文学还积极利用数字技术、虚拟现实等现代科技手段,为传统文化的呈现开辟了新的维度。这些技术的应用不仅增强了电影的观赏性和互动性,也让传统文化以更加直观、生动的方式触及更广泛的受众群体,特别是年轻一代。通过这种方式,中国电影文学不仅促进了传统文化的活态传承,也激发了年轻人对传统文化的兴趣与热爱,为文化的持续创新性发展注入了新的活力。中国电影文学在推动文化创新发展的道路上,既坚守了文化的根与魂,又勇于开拓与创新,实现了传统文化与现代文明的和谐共生。这种文化自信与创新精神,不仅为中国电影文学的发展开辟了新的天地,也为中华优秀传统文化的繁荣兴盛贡献了重要力量。

(三)增强国际文化交流

在全球化日益深入的今天,中国电影文学作品通过其独特的艺术表现形式,成为连接不同文化、增进人民友谊的纽带,为世界文化的多样性和繁荣贡献了力量。中国电影文学作品以其丰富的文化内涵和深刻的思想意蕴,为外国观众打开了一扇了解中国的窗口。通过欣赏中国电影,外国观众能够直观地感受到中国悠久的历史文化、独特的社会风貌和丰富的人文精神。无论是《活着》中对生命意义的深刻探讨,还是《英雄》中对家国情怀的壮丽抒发,都让观众在震撼的视觉体验中,领略到中国文化的博大精深和独特魅力。同时,中国电影文学作品的展示和交流,也为中外文化之间的对话与沟通提供了平台。在国际电影节、文化交流活动等场合,中国电影人与外国电影界人士共同探讨电影艺术的发展趋势,分享创作心得,促进了不同文化背景下的艺术交流与融合。这种跨文化的交流,不仅增进了中外电影人之间的相互了解和友谊,更为世界电影的多样性和创新性发展注入了新的动力。此外,中国电影文学作品还通过其国际化的叙事手法和视觉语言,努力跨越文化障碍,寻求与全球观众的共鸣。许多中国电影作品在保持本土文化特色的同时,也注重融入国际元素,使得这些作品既能够触动中国观众的心弦,也能够引起外国观众的共鸣,从而在国际市场上获得更广泛的认可。

第三节　跨文化视角下的文学改编与电影创作

一、跨文化视角下的文学改编

(一)忠实于原著的改编

在跨文化视角下的文学改编领域,忠实于原著的改编方式始终占据着重要地位。这种改编方式,不仅是对原著作者创作意图的尊重,更是对文学作品本身精神内涵的传承。改编者深知,原著之所以能成为经典,往往是因为其独特的叙事结构、鲜明的人物性格以及深刻的主题思想。因此,在改编过程中,他们力求在故事情节、人物塑造和主题表达上与原著保持高度一致。为了实现这一目标,改编者会投入大量时间仔细研读原著,深入理解其文字背后的深层含义和情感色彩。他们不仅关注故事的表层情节,更深入挖掘原著所蕴含的文化底蕴和时代特征。在电影创作中,改编者会尽可能地还原原著的风貌,从场景布置到服装道具,从对话台词到背景音乐,都力求与原著相契合。当然,由于电影和文学是两种不同的艺术形式,改编者也会在细节上进行适当的调整和创新,以适应电影的叙事节奏和视觉表现需求。这种忠实于原著的改编方式,不仅能让观众在银幕上重温经典,更能让他们感受到原著文化的魅力和深度。

(二)创意性改编

在跨文化改编中,不同文化背景下的观众对原著的理解和期待往往存在差异,改编者需要通过创意性改编来打破文化壁垒,使电影作品更容易被目标观众所接受和喜爱。在创意性改编中,改编者可能会对原著进行大幅度的改编,甚至颠覆其原有的故事情节和人物性格,不拘泥于原著的框架和束缚,而是以自己的艺术视角和审美观念为出发点,创造出全新的叙事视角和艺术风格。这种改编方式不仅要求改编者具备深厚的文学功底和电影制作经验,更需要他们具备敏锐的跨文化洞察力和创新能力。通过创意性改编,电影作品能够呈现出更加多元和丰富的文化内涵,为观众带来全新的观影体验和思考角度。同时,这种改编方式也有助于推动文学作品的跨文化传播和全球化发展。

（三）文化融合与碰撞

在文化融合与碰撞中,改编者会在电影中同时展现原著文化和目标文化。他们通过巧妙的对比和交融手法,将两种或多种文化元素融合在一起,创造出独特的文化景观。这种融合不仅体现在电影的叙事和视觉呈现上,更体现在对文化精髓的深刻理解和传达上。改编者会深入挖掘原著文化中的独特元素,如风俗习惯、价值观念、艺术风格等,并结合目标文化的审美习惯和理解方式,进行融合和创新。通过这种方式,电影作品能够展现出文化的多样性和包容性,促进不同文化之间的交流和理解。同时,这种文化融合与碰撞的改编方式也有助于增强电影的跨文化传播力,让电影作品成为连接不同文化的桥梁和纽带。

（四）坚定文化自信

在尊重文化差异的基础上,坚定文化自信是跨文化改编不可或缺的灵魂。改编者应当深入挖掘本土文化的独特魅力与价值,勇于在国际舞台上展示本土文化的风采。这不仅是对本土文化的传承与弘扬,更是对全球文化多样性的贡献与丰富。坚定文化自信并非盲目自大,而是在深刻理解本土文化的基础上,以开放的心态接纳并融合其他文化的优秀元素。在跨文化改编中,改编者可以巧妙地将本土文化元素融入故事叙述、人物塑造、视觉风格等各个方面,使电影作品成为连接不同文化的桥梁。这样的改编,不仅能够增强本土文化的国际影响力,还能促进全球文化的交流与互鉴,推动世界文化的繁荣发展。

二、跨文化视角下的电影创作方式

（一）融合不同文化元素

1.剧情与角色

在跨文化视角下的电影创作中,剧情与角色的融合是展现多元文化魅力、构建独特叙事空间的关键所在,电影创作者们不再局限于单一的文化背景,而是巧妙地将不同文化的故事元素、人物设定和情节发展相互交织,为观众呈现出一个跨越文化界限的视听盛宴。这种融合不仅体现在故事层面的相互渗透上,更在于角色性格、行为模式以及价值观的深度交融。同时,角色身份的多元化也成为跨文化融合的重要体现,不同文化背景的角色在故事中相互交织,共同推动着情节的发展,展现出人性的共通与差异。这种剧情与角色的深度融合,不仅丰富了电影的叙事层次,也让观众在欣赏电影的过程中,能够跨越文化的鸿沟,感受到不同文化背景下人性的光辉与温暖。

2.场景与服饰

场景与服饰是电影视觉语言的重要组成部分,通过精心设计的场景布置和角色服饰,电影能够营造出一种跨越时空的文化氛围,让观众仿佛置身于一个多元文化的梦幻世界之中。在场景设计上,创作者们会巧妙地融合不同文化的建筑特色、自然景观和人文风貌,创造出既具有地域特色又超越文化界限的视觉空间。比如,在一部融合东西方文化的电影中,可能会同时出现东方的古典园林和西方的现代都市景观,这种对比与融合不仅增强了电影的视觉冲击力,也寓意着文化的交流与碰撞。而在服饰设计上,电影则会通过细腻的服饰细节和色彩搭配,展现出不同文化的审美风格和服饰传统。东方的华丽繁复与西方的简约时尚,在角色的服饰上相互交融,既体现了角色的身份和性格,也彰显了文化的多样性和包容性。

3.音乐与语言

音乐作为电影的情感载体,能够跨越语言的障碍,直接触动观众的心灵;而语言则是电影叙事和角色交流的基础,承载着文化的精髓和历史的记忆。在跨文化视角下的电影创作中,创作者们会巧妙地运用不同文化的音乐和语言元素,为电影增添丰富的听觉层次和文化深度。音乐的融合体现在对不同文化音乐风格的借鉴和融合上。电影可能会采用东方的传统乐器和西方的现代音乐元素相结合的方式,创造出独特的音乐氛围。这种音乐的交融不仅丰富了电影的听觉效果,也寓意着文化的和谐共生。而语言的融合则体现在电影中的对话和旁白上,创作者们可能会通过多语言的交织使用,展现出不同文化背景下的思想碰撞和情感交流。

(二)注重文化细节的真实呈现

1.历史考究

在跨文化视角下的电影创作中,历史考究成为确保作品真实性与准确性的重要基石。对于涉及特定历史背景的电影,创作者深知每一个细节都承载着厚重的历史意义,因此,他们不遗余力地进行深入的历史研究,力求在银幕上还原那段岁月的真实风貌。从场景的搭建到服饰的设计,再到道具的选择,每一处都凝聚着创作者对历史细节的极致追求。历史考究不仅仅是对史实的简单复制，更是对历史事件背后文化意蕴的深刻理解。创作者通过查阅大量历史文献、参观博物馆、与历史学家交流等方式，积累了丰富的历史素材，为电影的创作提供了坚实的依据。在电影的呈现中，这些历史细节被巧妙地融入故事情节和人物塑造中，使得观众在观影过程中能够感受到浓厚的历史氛围，仿佛穿越时空，亲历那段历史。此外，历史考究还体现在对时代精神的把握上。创作者会深入挖掘历史时期的社会风貌、人们的思想观念以及价值观念，通过电影这一艺术形式，将这些时代特征生动地展现出来。这样的创作不仅让观众在视觉上得到享受，更在心灵上产生共鸣，加深对历史的理解和感悟。

2.文化习俗

跨文化电影创作的魅力，在于它能够跨越地域和文化的界限，将不同文化的独特习俗和风情呈现在观众面前。创作者通过细致入微的描绘，让观众在电影中领略到异国他乡的风土人情，感受到不同文化的魅力与深度。文化习俗是民族文化的重要组成部分，它承载着民族的记忆与智慧。在跨文化电影创作中，创作者会深入挖掘原著所蕴含的文化习俗，通过电影语言将其生动地展现出来。无论是节日庆典的热闹场景，还是日常生活的琐碎细节，都充满了浓郁的文化气息。这些文化习俗的呈现，不仅增强了电影的文化底蕴，也提升了电影的观赏性，让观众在观影过程中享受到文化的盛宴。同时，文化习俗的展现也是对不同文化的一种尊重与传承。通过电影这一媒介，创作者将不同文化的习俗传递给全球观众,促进了文化的交流与融合。观众在欣赏电影的同时,也能够了解到不同文化的独特之处,增进对不同文化的理解和尊重。这种跨文化的交流与理解,正是跨文化电影创作的核心价值所在。

3.语言翻译与配音

在跨文化电影创作中,语言翻译与配音的质量直接关系到观众对电影的理解和接受程度。语言是文化的载体,也是电影与观众之间沟通的桥梁。因此,创作者在跨文化电影创作中,会格外注重语言的翻译与配音工作。为了确保语言翻译的准确性和生动性,创作者会精心挑选专业的翻译团队,对电影中的对话、旁白等进行精准的翻译。翻译过程中,不仅要确保字面意思的准确传达,更要注重语言风格的契合与情感的传递。只有这样,才能让观众在观影过程中感受到语言的魅力与情感的共鸣。而在配音方面,创作者同样会投入大量的精力。他们会根据角色的性格特点和情感需求,精心挑选配音演员,并进行专业的配音指导。配音演员需要准确把握角色的心理状态和情感变化,通过声音将角色的内心世界生动地呈现出来。优秀的配音不仅能够增强电影的感染力,还能让观众更加深入地理解角色的情感世界,从而更加投入地参与到电影的叙事中。语言翻译与配音的精湛技艺,为跨文化电影创作搭建起了一座沟通的桥梁。它让观众能够跨越语言的障碍,深入理解电影所传达的文化内涵与情感意蕴。同时,它也促进了不同文化之间的交流与融合,让电影成为连接不同文化、传递人类共同情感的纽带。

模块四　写作能力塑造与成果展现

第六章　写作实践与创意表达

第一节　创意写作的基本原则

一、表达个性与创意本位

(一)充分表达个性

1.个性是写作的灵魂

在创意写作中,个性是作品的灵魂,是区分不同学生风格的核心要素。每个人的生活经历、情感体验、思维方式都是独一无二的,这些独特性构成了每个人独特的"声音"。在创意写作中,充分表达个性意味着学生要敢于展现自己的真实想法和感受,不畏惧与众不同,不刻意模仿他人,而是勇敢地用自己的方式讲述故事、阐述观点。这种个性化的表达不仅能让作品更加生动、有趣,还能深深打动读者的内心,引起共鸣。

2.思考方式的独特性

个性不仅体现在语言风格上,更体现在学生的思考方式上。一个拥有独特思考方式的学生,能够从不同的角度看待问题,发现别人未曾注意到的细节,从而挖掘出更深层次的意义和价值。这种思考方式的独特性,是创意写作中不可或缺的宝贵财富。它要求学生不断拓宽自己的视野,丰富自己的知识储备,以更加开放和包容的心态去接纳和理解不同的文化和思想。

3.打动读者的关键

要打动读者,除了个性和思考方式的独特性外,还需要学生具备敏锐的观察力和细腻的情感表达能力。要通过观察生活中的点滴细节,捕捉那些能够触动人心的瞬间,将其融入作品中,让读者在阅读的过程中感受到情感的共鸣。同时,学生还需要学会运用各种修辞手法和叙事技巧,使作品更加生动有趣,引人入胜。

(二)创意本位

1.创意是写作的核心动力

创意是写作的核心动力,它像一股源源不断的活水,为写作提供了无尽的灵感和素材。创意不仅来源于生活,更来源于学生内心的想象和创造。一个拥有丰富创意的学生,能够创造出令人耳目一新的作品,给读者带来全新的阅读体验。因此,在创意写作的教学中,培养学生的创意思维和创意能力至关重要。

2.创意与写作的关系

创意与写作紧密相连,创意是写作的灵魂,而写作则是创意的输出方式。没有创意的写作,就像没有灵魂的躯壳,缺乏生命力和吸引力。因此,在创意写作的教学中,应该将创意放在首位,通过各种方法和手段激发学生的创意潜能。同时,还要教会学生如何将创意转化为具体的文字表达,使作品更加生动、有趣、有深度。

3.创意学本位的写作观

传统的语言学本位的写作观往往侧重于语言技巧和语法规则的传授,而忽视了创意在写作中的重要性。而在创意写作中,应积极倡导创意学本位的写作观。这种写作观认为,写作的本质是一种创造性的艺术活动,而创意则是这种活动的核心。因此,应该将培养学生的创意思维和创意能力作为教学的重点,通过引导学生观察生活、体验情感、拓展想象等方式,激发他们的创意潜能,使他们在写作中能够自由地表达自己的思想和情感。

4.创意写作的实践教学

创意写作的实践教学是创意本位教学理念的重要体现。通过具体的写作任务和实践活动,学生可以亲身体验创意写作的过程和乐趣。在实践教学中,我们可以设置各种有趣的写作主题和情境,鼓励学生大胆尝试不同的写作风格和技巧,激发他们的创作灵感。同时,还可以组织学生进行作品分享和交流活动,让他们相互学习、相互启发,共同提高创意写作的能力。

二、多元化观察与联想思维

(一)多元化观察

1.细节捕捉

在大学语文中,多元化观察不仅是一种技能,更是一种生活态度。它要求学生们跳出日常的平淡,以一颗敏感而好奇的心去捕捉那些稍纵即逝的细节。这些细节,可能是晨曦中露珠的闪烁,是午后树荫下斑驳的光影,抑或是街头巷尾陌生人之间不经意的温暖交流。通过细致入微的观察,学生们能够积累起丰富的感性材料,为文学创作提供源源不断的灵感源泉。细节捕捉的关键在于"慢下来"。在快节奏的生活中,人们往往忽略了身边的美好。因此,学生们需要学会放慢脚步,用心去感受周围的世界。比如,在校园里漫步时,不妨留意一下花坛中不同花朵的颜色搭配,或是倾听鸟儿在枝头的欢歌,这些都能成为日后写作中生动的描写元素。

2.氛围感知

氛围是多元化观察中不可或缺的一部分,它关乎场景的整体感觉和情绪色彩。一个优秀的学生,应当能够敏锐地感知并传达出特定环境下的独特氛围。无论是喜悦、悲伤、宁静还是喧嚣,都能通过文字精准地勾勒出来,让读者仿佛身临其境。要实现这一点,学生们需要学会"情感移植"。即将自己置于所观察的场景之中,设身处地地体会其中的情感波动。比如,在描写一场秋雨时,不仅要描绘雨滴的细密和落叶的飘零,还要传达出那份秋雨带来的凉爽与寂寥,以及人们心中可能涌动的思绪。通过氛围的营造,作品能够触动人心,引发共鸣,从而达到更高的艺术境界。

(二)联想思维

1.模糊与明确

联想思维的核心在于打破常规的逻辑框架,通过看似无关的事物之间建立联系,从而激发出新的创意和灵感。模糊与明确是这一过程中的两个重要方面。模糊,意味着不拘泥于具体的形态或定义,让思维在广阔的空间中自由翱翔;明确,则是在模糊的基础上,适时地聚焦,将分散的想法整合为具体的创作思路。在实践中,学生们可以通过"随机词语游戏"来锻炼这种思维方式。比如,随机选取几个看似毫无关联的词语,如"海洋""音乐""古老",然后尝试将它们融入一个故事或一篇散文中,探索它们之间可能存在的内在联系。这种练习能够促使思维跳出常规轨道,发现前所未有的创意组合。

2.词语组合与思维跳跃是创意的火花碰撞

词语是语言的基石,也是联想思维的起点。巧妙的词语组合,可以激发出意想不到的思维跳跃,进而产生独特的创作灵感。学生们可以尝试"词语接龙"或"即兴写诗"等方式,来锻炼这一能力。例如,从一个简单的词语开始,如"旅行",然后依次联想到"地图""风景""回忆",最后形成一段关于旅行意义的深刻阐述。此外,跨学科的知识融合也是提升联想思维的有效途径。文学与艺术、历史、哲学等领域的交叉,能够为创作带来更为丰富的视角和深度。比如,在阅读古典文学作品时,联想到同时期的历史背景和社会风貌,或是将其与现代社会的某些现象进行对比,都能为作品增添新的维度和深度。

三、突破创作枷梏

(一)打破传统,探寻写作新境界

在创意写作中,传统的写作模式和约束往往成为束缚学生创意的枷锁。这些模式和约束可能源自过往的教育经历、文学传统或是社会规范,它们在一定程度上定义了"好作品"的标准,却也在无形中限制了学生的想象力和创造力。为了突破这些桎梏,学生需要勇于走出常规思维的框架,敢于挑战既定的规则和范式。打破传统并不意味着完全摒弃过去的经验或知识,而是在此基础上进行创新和超越。学生可以借鉴传统文学中的经典元素,如叙事结构、人物塑造等,但不应被这些元素所束缚。相反,他们应该尝试将这些元素与新的思想、情感和技术手段相结合,创造出具有独特魅力的作品。在打破传统的过程中,学生可能会遇到来自外界的质疑和批评。而这正是他们成长和进步的契机。通过不断地反思和调整,学生可以逐渐找到自己的声音和风格,形成独特的创作风格。这种风格不仅是对传统的超越,更是对自我潜能的挖掘和释放。

(二)摆脱束缚,勇创独特之作

要创造出独特的作品,学生必须摆脱各种束缚,包括思维上的、情感上的以及技术上的。思维上的束缚往往源于对传统的盲目崇拜和对创新的恐惧。学生需要认识到,每个时代都有其独特的文化背景和社会环境,而这些因素都会影响文学作品的创作和接受。因此,他们应该敢于跳出传统的思维框架,用新的眼光去审视世界和人生。学生需要学会接纳自己的不完美和失败,勇敢地面对批评和反馈。只有这样,他们才能在不断的尝试和修正中逐渐成长和进步。技术上的束缚则主要体现在对写作技巧和规则的过度依赖上。虽然这些技巧和规则对于初学者来说是非常有帮助的,但随着写作经验的积累,学生需要逐渐摆脱这些束缚,根据自己的创作需求和风格来灵活运用各种技巧。只有这样,他们才能创造出真正属于自己的独特之作。

第二节　不同文体的写作规范

一、议论文

(一)明确论点

在议论文的写作中,论点的明确性至关重要。论点,作为文章的中心思想,是整篇文章的灵魂和基石。它应当如同灯塔一般,照亮全文的方向,引导读者理解作者的观点。一个鲜明的论点,能够直接而有力地表达出作者对讨论问题的立场和态度,让读者在阅读之初就能清晰地把握文章的主旨。为了确保论点的准确性,学生需要在写作前进行深入的思考和研究,对讨论的问题有全面而深刻的理解。论点应当是基于事实、逻辑和理性分析的结果,而非凭空臆断或主观臆想。同时,论点还需要具备高度的概括性,能够用简洁明了的语言表达出文章的核心观点,让读者一目了然。在文章的开头部分,学生应当毫不含糊地提出论点,为全文定下基调。随后,在文章的展开过程中,论点应当始终贯穿其中,成为连接各个部分、引领全文发展的主线。这样,读者在阅读过程中就能始终把握住文章的中心思想,避免迷失方向。

（二）论据全面

论据是支撑论点的基石，是议论文说服力的关键所在，一篇有力的议论文，必须建立在坚实可靠的论据基础之上。论据可以包括事实、数据、名言警句等多种类型，它们各自具有不同的说服力和可信度。而事实是最直接、最有力的论据。它通过具体的事件或现象来证明论点的正确性，让读者在感性认识的基础上接受作者的观点。数据则通过精确的数字和统计结果来支持论点，增强了文章的科学性和说服力。名言警句则是前人智慧的结晶，它们往往蕴含着深刻的哲理和人生经验，能够为论点提供有力的佐证。在搜集论据时，学生应当注重论据的全面性和多样性，既要搜集支持论点的正面论据，也要考虑可能存在的反面论据，并对其进行合理的分析和反驳。这样，文章的说服力才能更加全面和有力。

（三）结构严谨

结构是议论文的骨架，是文章整体布局和组织的体现，一篇结构严谨的议论文，应当能够清晰地呈现出"提出问题—分析问题—解决问题"的逻辑结构，即引论—本论—结论的三部分。引论是文章的开头部分，主要任务是引出论题和论点。在这一部分，作者应当通过简洁明了的语言来阐述讨论的问题和背景，为全文定下基调。同时，还要明确地提出论点，为后文的论证打下基础。而本论是文章的主体部分，主要任务是对论点进行深入的论证和分析。作者应当运用各种论证方法和论据来支持论点，展示出自己的思考和分析能力。同时，还要注意段落的划分和过渡,确保文章的条理性和连贯性。此外,结论是文章的结尾部分,主要任务是对全文进行总结和归纳。作者应当再次强调论点的重要性和正确性,并对前文的论证进行简要的回顾和总结。另外,还可以提出一些建议或展望,为文章画上一个圆满的句号。通过这样的结构安排,议论文就能更加严谨、有序地呈现出作者的观点和思考过程。

二、记叙文

(一)六要素齐全

记叙文,作为文学领域中最为基础且广泛应用的文体之一,其核心在于讲述一个完整而引人入胜的故事。这一文体的灵魂,便在于那六个不可或缺的要素:时间、地点、人物、事件、原因和结果。它们如同构建房屋的砖石,每一块都至关重要,共同支撑起故事的框架。时间是故事的背景,它为事件的发生提供了时序上的定位,让读者能够清晰地感知到故事发生的时刻。地点则是故事的舞台,它设定了事件的场景,使故事有了具体的空间感。人物是故事的主体,他们的性格、行为和命运构成了故事的核心内容。事件则是故事的主体部分,它包含了人物之间的冲突、发展和解决,是故事吸引力的源泉。原因揭示了事件发生的动机和背景,为读者提供了理解故事深层含义的线索。结果则是故事的收尾,它展示了事件的最终走向,给读者以思考和感悟的空间。在记叙文写作中,这六要素必须齐全且相互关联,共同构建一个完整而富有逻辑性的故事世界。只有这样,读者才能在阅读过程中被深深吸引,仿佛亲身经历了那段故事。

(二)人称一致

记叙文的人称选择,是构建叙事视角的关键,第一人称、第二人称和第三人称,每种人称都有其独特的魅力和适用场景。第一人称能够拉近叙述者与读者的距离,让读者仿佛置身于故事之中,亲身经历人物的喜怒哀乐。第二人称则直接对话读者,营造出一种亲切而直接的交流氛围。第三人称则提供了更为广阔的叙事视角,能够全面展现故事中各个角色的性格和命运。而无论选择哪种人称,都必须在全文中保持一致。人称的频繁变换会破坏故事的连贯性和读者的阅读体验,使读者感到困惑和不适。因此,在写作之前,学生应明确自己的人称选择,并在整个写作过程中严格遵守这一选择。只有这样,才能营造出一种沉浸式的阅读体验,让读者仿佛与故事中的人物同呼吸、共命运。

(三)顺序合理

记叙文的叙述顺序,是构建故事逻辑链条的关键。顺叙、倒叙、插叙等叙述方式各有千秋,它们能够根据不同的故事内容和表达需求,为故事增添不同的色彩和节奏。顺叙是最常见的叙述方式,它按照时间顺序讲述故事,使读者能够清晰地理解事件的来龙去脉。倒叙则通过先展示结果或高潮,再回溯原因和过程的方式,激发读者的好奇心和探究欲。插叙则是在主体故事之外插入相关的回忆或补充信息,以丰富故事的内涵和层次。而无论采用哪种叙述顺序,都必须保持文章的连贯性和逻辑性。写作者需要精心安排故事的起承转合,确保每个部分都紧密相连、环环相扣。只有这样,才能编织出一条清晰而有力的逻辑链条,引导读者一步步深入故事的核心。

(四)细节描写

细节是记叙文的灵魂,它能够让故事变得生动而具体,赋予人物和事件以鲜活的生命力。通过对人物的外貌、神态、动作和语言的细致描写,读者能够清晰地感知到人物的性格和情感状态。通过对事件场景的细腻描绘,读者仿佛能够身临其境地感受到故事的氛围和节奏。通过对环境的精心刻画,读者能够更深入地理解故事发生的背景和时代特征。细节描写不仅能够增强文章的表现力和感染力,还能够为读者提供丰富的想象空间和情感共鸣点。它能够让读者在阅读的过程中产生强烈的代入感,仿佛自己就是故事中的一员。因此,在记叙文写作中,写作者应注重细节的挖掘和呈现,用细腻的笔触描绘出一个个生动而具体的场景和人物。

三、散文

(一)立意新颖

1.高远视角,深刻洞察

散文之所以能成为文学领域中的一朵奇葩,很大程度上得益于其立意的新颖与深刻。散文作者必须具备一双慧眼,能够从日常生活的琐碎中提炼出具有普遍意义的主题,以高远的视角去审视世界,用深刻的洞察力去剖析人性。这样的立意,不仅能让读者在阅读中感受到新鲜与独特,更能触动他们内心深处的共鸣,引发对生命、社会、自然的深刻思考。例如,一篇关于"时间的流逝"的散文,学生没有简单地感叹时光易逝,而是将时间与河流相比,通过描绘河流的蜿蜒曲折、奔腾不息,隐喻时间的无情与生命的短暂,同时又赋予时间以生命的意义,让读者在感叹之余,也能感受到时间的宝贵与生命的价值。

2.独特视角,个性表达

新颖的立意还体现在学生独特的视角和个性化的表达上,面对同一事物,不同的学生会有不同的感受和见解。散文作者应勇于打破常规,用自己独特的视角去观察世界,用个性化的语言去表达情感。这样的散文,才能在众多作品中脱颖而出,给读者留下深刻的印象。

(二)形散神不散

1.自由结构,灵动多变

散文之所以被称为"散",是因为其结构相对自由,不拘泥于固定的格式和框架。散文作者可以根据自己的情感和需要,灵活地安排文章的结构和布局。这种自由性,使得散文在形式上更加灵动多变,能够容纳更多的内容和情感。而这种自由并非无度。散文的"散",是建立在对主题和情感的准确把握之上的。学生需要明确自己想要表达的中心思想,然后围绕这一中心,自由地展开叙述和描写。这样,虽然文章的结构看似松散,但实际上却有一条清晰的主线贯穿其中,使得整篇文章浑然一体,形散而神不散。

2.情感主线,思想灵魂

散文的"神",即文章的中心思想和情感主线。这是散文的灵魂所在,也是连接文章各个部分的纽带。无论散文的结构如何自由多变,其情感和思想的主线始终清晰可辨。作者通过细腻的笔触和生动的描写,将自己的情感和思想融入文章之中,与读者产生共鸣。

(三)语言优美

1.生动形象,感染力强

散文的语言要求生动、形象、富有感染力,学生需要运用丰富的词语和多样的修辞手法,将抽象的情感和思想转化为具体的、可感的形象,让读者在阅读中能够身临其境,感受到作者的情感波动和思想火花。生动形象的描写,不仅增强了文章的感染力,也使得作者的情感和思想更加鲜明地呈现在读者面前。

2.精练准确,意蕴深远

散文的语言还需要精练准确,能够用最简洁的语言表达出最丰富的情感和思想。学生需要反复推敲和修改自己的文字,确保每一个词语都恰到好处,每一个句子都意蕴深远。这样,散文的语言才能更加凝练有力,给读者留下深刻的印象。同时,散文的语言还需要富有意蕴和哲理。学生可以通过对事物的深刻剖析和独到见解,将自己的思想和感悟融入文章之中,让读者在阅读中不仅能够感受到情感的波动,还能获得思想的启迪和精神的升华。

第三节 文学创作灵感与构思

一、文学创作灵感

（一）灵感的来源

1.生活经历

对于每一位学生而言,日常生活并非仅仅是吃饭、睡觉、学习的简单循环,而是蕴藏着无限可能的灵感宝库。每一次与人的交往,无论是街角偶遇的陌生人,还是亲密无间的朋友,他们的言行举止都可能使他们成为故事中鲜活的角色;每一场事件的发生,无论是校园里的小风波,还是家庭中的温馨瞬间,都可能孕育出引人入胜的情节。生活经历如同一块块未经雕琢的玉石,等待着作家用敏锐的观察力和丰富的想象力去发掘、去雕琢,使之成为文学作品中的璀璨明珠。走在喧嚣的街道上,留意行人的表情与动作,或许就能捕捉到一丝人性的微妙;在家中静谧的夜晚,聆听窗外的风声雨声,或许就能感受到自然的韵律与和谐。这些看似平凡的生活元素,正是文学作品中最真实、最动人的素材。学生应当学会从日常生活中汲取灵感,用文字记录下那些稍纵即逝的美好瞬间,让文学作品成为生活的一面镜子,映照出世界的多彩与复杂。

2.情感体验

情感,是人类共有的语言,也是文学创作中不可或缺的灵魂。对于学生而言,个人的情感体验是构思作品时的重要源泉。无论是青春期的迷茫与叛逆,还是对未来的憧憬与渴望,这些内心的波动与挣扎都是宝贵的创作素材。当作家将个人的情感体验融入作品之中时,文字便不再只是简单的符号堆砌,而是成为传递情感、触动心灵的桥梁。痛苦与喜悦、悲伤与欢乐、孤独与陪伴……这些复杂的情感交织在一起,构成了人类丰富多彩的内心世界。学生应当勇于面对自己的情感,敢于在作品中坦诚地表达。他们可以通过文字,将内心的痛苦转化为对生命的深刻思考,将喜悦分享给读者带来共鸣,将困惑化作对世界的探索与追问。这样,作品才能具有生命力,才能触动读者的心灵深处,引起共鸣与反思。

3.阅读与思考

优秀的文学作品不仅能够提供丰富的语言素材和写作技巧,更能够拓宽学生的视野,激发他们的想象力和创造力。在阅读的过程中,学生可以借鉴前人的经验,学习如何构建情节、塑造人物、运用语言等技巧;同时,也可以从中汲取灵感,为自己的创作注入新的活力。除了阅读之外,深入的思考也是灵感的重要来源。当学生在阅读或生活中遇到某个触动心灵的点时,不妨停下来深入思考:这个点背后隐藏着怎样的故事?它能否被扩展成一篇完整的作品?通过怎样的方式才能将其表达得更为深刻和动人?这样的思考过程,就像是在心中点燃了一团火,让灵感之火在脑海中熊熊燃烧,最终化为笔下的文字,流淌成一篇篇充满情感与思想的文学作品。

（二）捕捉灵感的方法

1.保持敏锐的观察力

对于学生而言，日常生活并非仅仅是一成不变的重复，而是充满了无限可能的灵感宝库。保持敏锐的观察力，意味着要学会在日常的琐碎中发现不平凡。或许是一个老人脸上的皱纹，记录着岁月的沧桑；或许是一场突如其来的雨，洗涤了城市的喧嚣；又或许是一对情侣的窃窃私语，透露出爱情的甜蜜。这些看似微不足道的瞬间，却往往能够触动内心，激发创作的灵感。因此，学生应该养成观察的习惯，用眼睛去捕捉那些稍纵即逝的美好，用心去感受那些深藏不露的情感。当观察成为一种习惯，灵感便会如影随形，随时为创作提供源源不断的素材。

2.广泛阅读

阅读，是通往智慧殿堂的阶梯，也是文学创作中不可或缺的灵感源泉。广泛阅读不仅能够积累丰富的知识，更能够学习他人的写作技巧和表达方式，从而为自己的创作提供有益的借鉴。在文学的海洋中，有无数经典的著作等待着我们去探索。从莎士比亚的戏剧到杜甫的诗歌，从雨果的《悲惨世界》到鲁迅的《呐喊》，每一部作品都是一座宝藏，蕴含着作者深邃的思想和精湛的技艺。通过阅读，我们可以跨越时空的界限，与古今中外的文学大师们进行心灵的对话。他们的文字如同春风化雨，滋润着我们的心田，也激发着我们的创作灵感。因此，学生应该养成广泛阅读的习惯，不断拓宽自己的知识视野，从中汲取灵感和养分,为自己的文学创作打下坚实的基础。

3.深入思考

在闲暇时刻,学生不妨放慢脚步,静下心来思考人生问题、情感纠葛或世界感悟。这些思考往往能够触及灵魂深处,引发对生命、爱情、友情等永恒话题的深刻思考。而正是这些思考,能够转化为创作灵感,让作品更加具有深度和内涵。思考不仅仅是对外在世界的反思,更是对内心世界的探索。通过思考,我们可以更好地理解自己,认识世界,也能够更加准确地把握人性的复杂和多样。因此,学生应该珍惜每一次思考的机会,不断挖掘自己的内心世界,将那些深刻的感悟和独特的见解融入作品中,使作品更加具有思想性和艺术性。当思考成为一种习惯时,灵感便会如泉水般涌现,为文学创作提供源源不断的动力。

二、文学创作构思

(一)构思的方法

1.想象力与创造力

对于学生而言,拥有丰富的想象力意味着能够创造出令人耳目一新的故事情节、栩栩如生的人物形象和细腻入微的场景描写。正是这些元素,构成了文学作品的吸引力与艺术性,让读者在阅读的过程中仿佛置身于一个全新的世界。想象力是创作的源泉,它让作家能够突破现实的束缚,自由地穿梭于时空之间,将看似平凡的事物赋予非凡的意义。而学生正处于一个充满好奇与探索的年龄阶段,他们的想象力如同初升的太阳,充满无限活力。在构思作品时,不妨大胆放飞自己的想象,让思绪在脑海中自由翱翔,创造出那些只存在于梦中的奇妙场景与动人故事。而创造力则是将想象力转化为具体作品的能力。它要求作家不仅要有天马行空的想象,还要能够将这些想象以独特的方式呈现出来,让读者能够感受到其中的新颖与独特。这包括了对语言的选择、情节的安排、人物的塑造等多个方面的考量。学生在创作过程中,应当勇于尝试不同的写作手法和技巧,不断挑战自己的创作极限,从而让自己的作品更加丰富多彩、引人入胜。

2.视角选择

选择不同的视角来叙述故事,可以呈现出截然不同的人物性格、情感表达和价值观念,使作品更加立体、多元。掌握并运用好视角选择这一技巧,是提升作品深度和多样性的关键。第一人称视角能够让读者直接感受到叙述者的内心世界,增强作品的真实感和亲切感。通过主人公的视角去讲述故事,可以让读者更加深入地了解人物的性格、情感和思想,从而产生共鸣。而第三人称视角则能够更全面地展现故事的全貌,让作家有更多的空间去塑造多个角色,展现他们各自的故事线和内心世界。这种视角的灵活性,使得作品能够呈现出更加丰富多彩的人物群像和错综复杂的情节关系。此外,还有一些特殊的视角选择,如全知全能视角、有限视角等,它们各自具有独特的魅力和表现力。学生在构思作品时,应当根据故事的主题、人物的特点以及自己想要表达的情感和思想来选择最合适的视角。

巧妙地运用视角转换,可以使得作品更加层次分明、跌宕起伏,吸引读者的注意力并引发他们的思考。

3.符号运用

在文学创作中,符号是一种具有象征意义的元素,它可以是色彩、动物、物体等任何能够传递特定情感和思想的事物。通过巧妙地运用符号,作家可以在作品中构建出一种隐含的意象系统,使得作品在表达层面之外还具有更深层的意义和价值。学生掌握符号运用的技巧,是提升作品艺术性和思想深度的有效途径。而不同的色彩往往代表着不同的情感和氛围。例如,红色通常象征着热情、激情或危险;蓝色则往往与宁静、忧郁或深邃相关联。在作品中巧妙地运用色彩符号,可以营造出特定的情感基调,增强作品的感染力。其中,动物也是文学作品中常见的象征性符号。它们往往被赋予某种特定的品质或意义,如狐狸象征着狡猾、鹰代表着力量等。通过将这些动物融入故事情节或人物形象中,作家可以以一种隐喻的方式表达自己的思想和情感。除了色彩和动物外,还有许多其他类型的符号可以被运用到文学创作中。这些符号的运用不仅能够增加作品的层次感和丰富性,还能够让读者在阅读的过程中产生更多的联想和思考。学生在构思作品时,应当善于发现和创造符号,并巧妙地将其融入作品之中,使之成为传递深层意义和情感的桥梁。

(二) 构思的技巧

1.情节设置

一个引人入胜的情节,不仅要紧凑有序,更要富含深意,能够触动人心,引发共鸣。合理的情节安排,应当如行云流水,既有突如其来的转折,让人措手不及,又有水到渠成的发展,令人豁然开朗。构思情节时,作者需先明确故事的主题与核心冲突,这是情节发展的灵魂所在。随后,围绕这一主题,巧妙地铺设线索,设置悬念,让读者在跟随故事推进的过程中,不断产生好奇与期待。情节的起伏应张弛有度,既要有紧张刺激的高潮,也要有温馨宁静的低谷,以此调节读者的阅读节奏,保持其持续的阅读兴趣。同时,情节的发展还需符合逻辑,即便是幻想类或科幻类作品,其内在的逻辑自洽也是吸引读者的关键。更重要的是,情节不仅仅是事件的堆砌,更是情感与思想的载体。通过情节中人物的抉择、成长与牺牲,展现人性的光辉与阴暗,探讨生命的意义与价值,这样的故事才能深入人心,引发读者的深刻思考。因此,作者在进行情节设置时,应深入挖掘人物内心的情感变化,以及这些变化如何推动故事向前发展,使情节成为传递情感与思想的桥梁。

2.人物塑造

成功的人物塑造,不仅要求外貌描写的细致入微,更需性格刻画的深刻独到,以及言行举止的真实自然。这样的人物,才能跃然纸上,成为读者心中难以忘怀的形象。在外貌描写上,学生应善于捕捉人物的独特之处,无论是其标志性的外貌特征,还是微妙的表情变化,都能为人物增添一抹生动的色彩。但更重要的是,外貌只是人物形象的表层,真正让人物鲜活起来的,是其内在的性格与情感。学生需深入挖掘人物的内心世界,通过其行为选择、语言风格、思想动态等多维度展现其性格的复杂性与多面性。而言行举止是人物性格的外化表现,也是人物塑造中不可或缺的一环。学生应细致观察生活中的细节,将其融入人物的言行之中,使人物的行为逻辑符合其性格设定,同时又能反映出其成长背景与时代特色。这样的人物,才能既具有个体的独特性,又蕴含着普遍的人性光辉,让读者在阅读过程中产生强烈的情感共鸣。

3.环境描写

环境,作为文学作品不可或缺的组成部分,不仅为故事的发生提供了背景与舞台,更以其独有的氛围与意境,深刻地影响着作品的情感色彩与艺术表现力。成功的环境描写,能够引领读者跨越时空的界限,使其身临其境地感受故事世界的独特魅力。在构思环境描写时,学生需明确环境对于故事情节与人物塑造的作用。环境不仅是故事发生的物理空间,更是人物情感与思想的映射。因此,学生应精心选择能够凸显主题、烘托氛围的场景进行细致描绘,使环境与故事情节、人物形象紧密相连,形成有机的整体。而氛围的营造是环境描写的核心,学生可以通过对光线、色彩、声音、气味等感官细节的细腻刻画,营造出独特而富有感染力的氛围。这种氛围不仅能够增强故事的代入感,还能激发读者的情感共鸣,使其更加深入地理解并感受故事中的情感波动与思想碰撞。同时,学生应善于将地域特色、历史风貌等文化元素融入环境之中,使作品在展现艺术魅力的同时,也能成为传承与弘扬文化的载体。这样的环境描写,不仅丰富了作品的内涵与层次,也为其增添了深厚的历史文化底蕴。

第四节　文笔技巧与修改润色

一、文笔技巧的提升

（一）扩大词汇量

在文学的海洋中遨游,是扩充词汇量的有效途径。经典文学作品,如《红楼梦》《百年孤独》或莎士比亚的戏剧,不仅蕴含深厚的文化底蕴,还藏着无数精妙绝伦的词语与表达。通过阅读,学生可以接触到各种修辞手法,如比喻、拟人、夸张等,这些都能极大地丰富语言库。例如,《红楼梦》中"黛玉葬花"一节,用"花谢花飞花满天,红消香断有谁怜"这样的句子,既描绘了春日花落之景,又抒发了人物内心的哀愁,词汇之美与情感之深交织在一起,为学生提供了绝佳的学习范本。

（二）掌握基本语法规则

1.句子结构是清晰表达的基石

句子是构成文章的基本单位,掌握句子结构对于清晰表达至关重要。学生需要了解主谓宾、定状补等基本句子成分,以及并列句、复合句等复杂句型。通过练习,可以学会如何根据表达需要,灵活运用不同类型的句子,使文章既有简洁明了的短句,又有层次丰富的长句,增强语言的节奏感和表现力。

2.词性辨析是精准用词的关键

词性决定了词语在句子中的功能和位置,正确区分名词、动词、形容词、副词等,是确保语言准确性的关键。例如,"美丽"是形容词,用于描述事物的特征;"美丽地"则是副词,用于修饰动词,表示方式。通过大量阅读和写作练习,学生可以逐渐培养出对词性的敏感度,避免用词不当造成的歧义或表达不清。

3.语法规则的运用

掌握时态、语态、语气等语法规则,能够使文章在时间上保持一致,逻辑上更加严密。比如,在叙述过去的事件时,应统一使用过去时;在表达观点时,恰当使用情态动词可以体现作者的态度和确定性。通过不断练习,学生可以学会如何运用语法规则,使文章条理清晰、逻辑顺畅,增强说服力。

(三)注重文章结构

1.开头

文章的开头是吸引读者注意力的关键,一个精彩的开头可以是一个引人入胜的故事、一个发人深省的问题、一个令人震撼的事实或一个引人入胜的引言。例如,讲述个人成长经历的文章,可以从一次难忘的失败或成功经历开始,迅速抓住读者的心。开头应简洁明了,避免冗长拖沓,为全文定下基调。

2.中间

中间部分是文章的核心,承担着阐述观点、论证分析的任务。学生应学会使用段落划分,每个段落围绕一个中心思想展开,通过举例、对比、因果分析等方法,深入剖析主题。同时,注意段落之间的过渡,使用转折词、递进词等,使文章流畅连贯、逻辑严密。例如,在讨论"科技改变生活"这一主题时,可以从教育、医疗、交通等多个方面分别论述,每个方面自成一段,最后总结归纳,形成完整的论述体系。

3.结尾

结尾是文章的收尾,也是留给读者的最后印象。一个好的结尾应该既总结全文,又有所升华,可以是对主题的深化、对未来的展望、对读者的号召或是对自我的反思。例如,在写一篇关于环保的文章时,结尾可以呼吁大家行动起来,共同守护地球家园,或者提出个人对未来环保事业的期许。结尾应简洁有力,避免冗长重复,让读者在回味中结束阅读,留下深刻印象。

二、文章的修改润色

(一)优化段落结构

合理的段落划分能够使文章条理清晰,易于阅读。每个段落应围绕一个中心思想展开,避免冗长和繁杂的句子堆砌。过长的段落会让读者感到疲惫,而过于简短的段落则可能割裂文章的连贯性。因此,在构思文章时,学生应预先规划好每个段落的主题和内容,确保段落之间的衔接自然流畅。可以使用过渡句或连接词来引导读者进入下一个段落,使整篇文章形成一个有机的整体。此外,每个段落的开头和结尾也应精心设计,开头应简明扼要地引出段落主题,结尾则应总结归纳,为下一段的展开做好铺垫。通过这样的段落结构优化,文章将变得更加平衡、易读,也更能够吸引读者的注意力。在调整段落长度的过程中,学生还需注意保持各段落之间的平衡,避免某些段落过长而显得沉重,而其他段落过短则显得轻浮。合理控制每个段落的篇幅,可以使文章整体呈现出一种均衡的美感。同时,段落之间的过渡也需精心打造,以确保读者在阅读过程中能够顺畅地从一个段落过渡到另一个段落,而不会感到突兀或迷失方向。

(二)润色语言

在撰写文章时,学生应首先确保文章的拼写和语法正确无误,这是文章最基本的要求。同时,还应注意替换过时或陈旧的用法和短语,使用更加现代和贴切的词语来表达思想。复杂的句子结构往往会让读者感到困惑,因此,简化句子结构、提高文章的可读性也是必不可少的。在润色语言的过程中,学生可以运用丰富的形容词和副词来修饰名词和动词,使文章的表达更加生动、形象。细腻的描绘和精准的用词,可以让读者更加深入地理解文章的内容,并感受到作者的情感和态度。除了语言的准确性和生动性外,学生还需注意语言的简洁性。冗长啰唆的句子往往会让读者失去耐心,而简洁明快的语言则能够迅速抓住读者的注意力。因此,在润色语言时,学生应尽量避免使用冗长的词语和复杂的句式,而是应该用简洁明了的语言来表达自己的思想。

(三)增强文章的客观性和说服力

为了增强文章的客观性,学生应尽可能多地收集相关的事实、数据和研究结果来支持自己的观点。这些客观材料能够有力地证明作者的观点,使读者更加信服。同时,学生还应注重引用权威来源的信息,以提高文章的可信度。除了客观材料外,学生还可以通过引入反驳观点来增强文章的说服力。在阐述自己观点的同时,可以设想一些可能的反驳意见,并对其进行逐一反驳。通过这种正反对比的方式,作者可以更加全面地分析自己的观点,并使其更加站得住脚。

(四)提供简洁明了的文章总结

文章总结是整篇文章的收尾部分,也是读者对文章内容进行回顾和梳理的重要环节。因此,提供简洁明了的文章总结至关重要。在撰写总结时,作者应概括文章的主旨和要点,使读者能够迅速了解文章的核心内容。一个优秀的文章总结应该具备简洁明了的特点,避免冗长啰唆的句子和无关紧要的细节。而且,总结要准确反映文章的主旨和要点,不要偏离文章的主题或遗漏重要信息。并且,总结要具有启发性,能够引导读者进行深入思考或采取相应行动。为了撰写出优秀的文章总结,学生可以在撰写文章的过程中不断提炼和概括文章的主旨和要点。在文章结尾部分,再将这些要点进行整理和归纳,形成简洁明了的总结。通过这样的方式,学生可以确保文章总结的准确性和完整性,同时也能够为读者提供一个清晰明了的阅读体验。

(五)注意文章的排版和格式

一个合理且美观的排版能够吸引读者的注意力,提高文章的可读性。因此,在撰写文章时,学生应特别注意文章的排版和格式。一方面,作者应保持标题中每个单词首字母大写的一致性。这样的标题不仅看起来更加规范美观,而且也能够给读者留下深刻的印象。另一方面,学生应适当使用段落分隔和空行来划分文章的结构。合理的段落分隔和空行设置,可以使文章更加清晰易读,避免读者在阅读过程中感到混乱或迷失方向。除了标题和段落分隔外,学生还需注意字体、字号和行间距等排版细节。选择合适的字体和字号可以使文章更加适宜阅读,而合理的行间距则能够避免文字过于密集导致读者阅读疲劳。此外,学生还可以运用一些排版技巧来增强文章的表现力,如使用加粗、斜体或下划线来突出重要信息或关键词语等。

(六)反复推敲和修改

在完成初稿后,学生应反复阅读、推敲和修改文章,直到满意为止。这个过程虽然烦琐且耗时较长,但对于提升文章质量却至关重要。在反复推敲和修改的过程中,一方面,可以检查文章的逻辑结构和条理是否清晰合理;另一方面,可以关注文章的语言表达和用词是否准确生动。而且,还可以对文章的排版和格式进行细微调整以提高可读性。通过这样全面的审视和评估,作者可以及时发现并纠正文章中存在的问题和不足。在修改文章时,对于一些细微的错误或不足之处,不要急于求成或敷衍了事,而是应该认真对待每一个问题,并努力寻找最佳的解决方案。通过这样的反复推敲和修改,学生可以不断提升自己的写作水平,并创作出更加优秀的文章作品。

第五节　网络时代的文学创作与传播

一、网络时代的文学创作

（一）创作门槛的降低与个性化表达

1.门槛降低激发创作热情

在网络文学兴起之前，文学创作往往需要通过严格的出版流程和编辑审核，这对于初出茅庐的作者而言，无疑是一道难以逾越的门槛。然而，随着网络技术的发展，这一传统壁垒被彻底打破。网络平台为所有有志于文学创作的人提供了广阔的舞台，无论是专业作家还是业余爱好者，只要有创作欲望和基本的文字表达能力，都能轻松地将自己的作品发布到网络上，与全球读者分享。对于大学学生而言，这一变化尤为重要。他们正处于文学创作的萌芽期，对文字充满热情，但又往往缺乏传统出版渠道的支持。网络平台的出现，无疑为他们打开了一扇通往文学殿堂的大门。在这里，他们可以自由地挥洒笔墨，无须担心作品是否会被编辑拒绝，也无须顾虑市场的接受度。这种低门槛的创作环境，极大地激发了他们的创作热情，使他们能够毫无顾忌地表达个人情感、观点和想法。

2.个性化表达彰显独特风格

在网络平台上，每个作者都可以根据自己的喜好和风格进行创作，无须迎合传统出版界的审美标准或市场偏好。这种自由度的提升,使得大学学生能够更加真实地展现自己的内心世界,形成独特的个性化风格。他们的作品可能充满了青春的激情与梦想,也可能蕴含着对生活的深刻思考。无论是哪种风格的作品,都能在网络平台上找到属于自己的读者群体。这种个性化的表达方式,不仅让大学学生在文学创作中找到了自我,也让他们在与读者的互动中不断成长和进步。

(二)创作形式的多样化与创新

1.多种新型文学形式的涌现

网络文学在形式上突破了传统文学的局限,出现了许多新型文学形式。其中,网络小说以其丰富的想象力和跌宕起伏的情节吸引了大量读者;微博文学则以其短小精悍、言简意赅的特点成为快节奏生活中的一抹亮色;微信推文则借助社交媒体的广泛传播力,让文学作品更加贴近人们的生活;而短视频剧本则是近年来兴起的一种新型文学形式,它通过视觉与文字的完美结合,为观众带来了全新的阅读体验。这些新型文学形式的出现,不仅丰富了文学的表现力,也为大学学生提供了更多的创作选择。他们可以根据自己的兴趣和特长,选择最适合自己的创作形式进行尝试和探索。在这种多样化的创作环境中,他们的创造力得到了充分的发挥,也促进了文学与多媒体技术的深度融合。

2.创新推动文学发展

学生在创作过程中,往往能够结合时代背景和社会热点,创作出具有深刻内涵和独特视角的作品。这些作品不仅反映了年轻一代的思想观念和价值取向,也为传统文学注入了新的活力和元素。同时,网络文学的创新还体现在对传统文学体裁和表现手法的突破上。学生在创作中,往往能够灵活运用各种文学手法和技巧,创造出别具一格的艺术效果。这种创新精神不仅推动了网络文学的发展,也为整个文学领域带来了新的机遇。

(三)互动性与读者参与度的提升

1.互动增强作者与读者联系

在网络平台上,学生与读者之间的距离被大大缩短,他们可以通过评论区、社交媒体等渠道进行即时交流。这种交流不仅能够让作者及时了解读者的反馈和意见,还为他们提供了修改和完善作品的机会。作者通过与读者的互动,不断学习和进步,提升自己的创作水平。同时,这种互动也让他们更加了解读者的需求和喜好,从而创作出更加贴近读者心声的作品。

2.读者参与度提升创作价值

在网络平台上,读者可以自由地发表对作品的看法和意见,甚至参与到作品的创作过程中来。这种参与度的提升,不仅让读者感受到了更多的参与感和归属感,也为作品的创作和发展提供了更多的可能性和方向。学生在创作中,往往能够充分利用这种互动性,与读者共同构建作品的世界观和情节发展。他们通过听取读者的建议和意见,不断完善自己的作品,使其更加符合读者的期待和审美需求。这种合作式的创作方式,不仅让作品更加丰富多彩,也提升了其艺术价值和社会影响力。

二、网络时代的文学传播

（一）网络平台的兴起与文学社区的构建

1.网络平台的多元化发展

在数字化时代,网络平台已成为文学作品发布与传播的核心载体。起点中文网、晋江文学城等专业文学网站,凭借其深厚的行业积累与丰富的资源,为学生提供了专业的创作环境和广阔的展示舞台。这些平台不仅设有严格的审核机制确保内容质量,还提供编辑指导、封面设计、版权保护等全方位服务,助力学生作品的成熟与推广。此外,知乎等问答社区及博客平台的文学板块,也为非专业作家和文学爱好者提供了自由表达的空间,使得文学创作更加多元化和大众化。

2.文学社区的互动与生态建设

文学社区作为网络平台的重要组成部分,不仅促进了作者与读者之间的直接交流,还构建了独特的文学生态系统。在社区中,学生可以通过评论区、论坛、线上讲座等形式,收集读者反馈,调整创作方向,甚至形成稳定的粉丝群体。读者则能在阅读之余,参与讨论,分享心得,甚至参与到作品的共创中来,如提供情节建议、角色设定等,实现了文学创作与接受的双向互动。此外,文学社区还通过举办征文比赛、文学节等活动,激发创作热情,挖掘文学新星,为文学界输送新鲜血液。

（二）社交媒体的助力与文学传播的广泛化

1.社交媒体的即时传播效应

社交媒体以其即时性、互动性和病毒式传播的特点,极大地拓宽了文学作品的传播范围。微博、微信等平台上的文学账号和公众号，成为作者发布短篇、连载、诗歌等文学作品的快速通道。通过转发、点赞、评论等机制，优秀作品能够迅速获得大量曝光，实现"口碑＋流量"的双重增长。特别是对于学生而言，社交媒体是展示自我才华、积累初期读者群的有效途径。利用这些平台的标签功能，可以精准定位目标读者，提高作品的可见度。

2.融合流行文化的文学创作趋势

社交媒体上的热点事件、流行语、网络梗等，为文学创作提供了丰富的素材和灵感来源。许多学生开始尝试将流行文化元素融入作品中，如以热门电视剧、电影、动漫为背景的同人小说，或是结合社会热点创作的现实主义短篇小说，这些作品往往能引起广泛共鸣，加快文学的传播速度。同时，社交媒体上的文学挑战赛、接力写作等活动，也激发了学生的创作潜能，促进了文学形式的创新和多样性发展。

（三）数字化出版与文学作品的国际化传播

1.数字化出版的技术革新

随着数字化出版技术的不断进步，文学作品不再局限于传统的纸质媒介，而是以电子书、有声读物、在线阅读等多种形式存在，满足了不同读者的阅读需求。电子书平台如 Kindle、掌阅等，提供了海量文学作品资源，支持跨设备阅读，极大地提升了阅读的便捷性。有声读物市场同样蓬勃发展，通过喜马拉雅、蜻蜓 FM 等平台，文学作品以声音的形式触达更多听众。

这些数字化出版方式,不仅丰富了文学作品的呈现形式,也为学生文学作品广泛传播提供了多种途径。

2.国际化传播的桥梁与机遇

互联网打破了空间界限,使得文学作品能够轻松跨越国界,触达全球读者。国际文学网站如 Wattpad、Medium 等,为全球作者提供了展示自我的国际舞台,让优秀作品有机会被翻译成多种语言,走向世界。翻译平台的兴起,如谷歌翻译、有道翻译等,虽然不能完全替代精准的人工翻译,但为初步沟通提供了便利,降低了国际交流的门槛。对于学生而言,这意味着他们的作品有可能被国际读者发现,参与国际文学交流,甚至获得海外出版的机会,实现文学梦想的国际化飞跃。此外,国际文学奖项、海外文学节、在线文学研讨会等,也是推动文学作品国际化传播的重要途径。通过这些活动,文学作品不仅能获得国际认可,还能与海外同行建立联系,共同探讨文学创作的全球化趋势,促进文化的交流与融合。

第六节　学生作品展示与评价

一、学生作品展示方式

(一)线上展示平台

1.个人博客或网站

在数字化时代,个人博客或网站成为学生展示文学才华的理想平台。鼓励学生利用这些平台,不仅能够自主设计页面风格,彰显个性,还能系统地整理并发布自己的作品,从散文、诗歌到小说、剧本,各类文学体裁应有尽有。个人博客或网站的优势在于其高度的自主性和专业性,使学生能够根据自己的创作节奏和风格,灵活安排内容更新,构建起独一无二的文学世界。同时,通过搜索引擎优化(SEO)技术,作品能够更容易地被网络用户检索到,从而拓宽了作品的传播渠道。此外,博客或网站提供的访客统计功能,还能让学生直观地了解作品的阅读量和受众反馈,为后续的创作提供数据支持。这些平台,既是对学生文学创作能力的锻炼,也是其个人品牌塑造和作品传播的有效途径。

2.社交媒体分享

微博、微信公众号等平台,以其即时性和广泛性,为学生提供了与读者即时交流的机会。学生可以在这些平台上定期发布作品,无论是短篇小说的连载,还是诗歌的即兴创作,都能迅速吸引关注,引发讨论。读者通过评论、点赞、转发等方式,表达对作品的喜爱或建议,这种即时的反馈机制,极大地增强了作品的互动性和参与感。同时,社交媒体上的热门话题和流行趋势,也为学生创作提供了灵感来源,促进了文学与现实的紧密结合。通过社交媒体分享,学生作品不仅能够获得更广泛的曝光,还能在互动中不断提升创作水平,扩大个人影响力。

3.在线文学社区

加入知名的在线文学社区或论坛,是学生作品展示与交流的绝佳平台。这些社区通常聚集了大量热爱文学、具有一定创作水平的作者和读者,为学生提供了学习、交流、展示才华的广阔空间。在社区中,学生可以发布自己的作品,接受来自同行的点评和建议,这种开放式的批评与反馈机制,有助于学生不断打磨作品,提升创作技巧。同时,通过阅读其他作家的作品,学生可以拓宽视野,了解不同的文学风格和创作理念,激发自己的创作灵感。此外,文学社区还经常举办征文比赛、写作研讨会等活动,为学生提供了展示才华、结识志同道合的朋友的宝贵机会。在这样的环境中,学生不仅能够提升自己的文学素养,还能在交流中不断成长,为未来的文学创作之路打下坚实的基础。

(二)线下展示活动

1.作品朗诵会

作品朗诵会作为线下展示活动中不可或缺的一环,以其独特的魅力吸引着师生们的目光。在这个舞台上,学生们化身为自己作品的代言人,用声音去诠释文字背后的情感与意境。他们或激昂慷慨,或细腻温婉,将诗歌的韵律、散文的哲思、小说的情节通过朗诵这一艺术形式,生动地呈现给在场的每一位听众。这样的活动不仅锻炼了学生的朗诵技巧,更重要的是,它让学生们在准备和表演的过程中,更加深入地理解和感受自己的作品,从而增强了他们对文学创作的热爱和自信心。同时,听众也能在朗诵会中,通过声音这一媒介,更直观地感受到作品的魅力,产生共鸣,进一步促进校园文学氛围的浓郁。

2.校园文学展览

校园文学展览为学生们提供了一个展示自己文学才华的

实体空间。在这里,手写稿的墨香、打印稿的清晰、电子版的便捷,共同构成了一个丰富多彩的文学世界。学生们精心挑选的作品,被整齐地陈列在展板上,或是悬挂在走廊上,供师生们驻足欣赏。展览不仅展示了学生们的文学成果,更是一次心灵的碰撞与交流。配合主题讲座、作家见面会等活动,学生们有机会与文学大师面对面交流,汲取创作的灵感与经验。这些活动不仅丰富了校园文化生活,也为学生们搭建了一个与文学亲密接触的平台,让他们在欣赏与学习中不断成长,让文学的光芒照亮校园的每一个角落。

二、学生作品评价方法

(一)作品质量评价

学生作品质量评价方法,需综合考量多个维度,确保评价的全面性与客观性。一方面,要重视作品的内容质量,包括主题的鲜明度、构思的巧妙性、观点的独到性以及信息的准确性,这些都是衡量作品思想深度的关键。另一方面,也要关注作品的形式表现,如语言表达的流畅性、结构布局的合理性、艺术手法的创新性等,这些体现了学生的表达能力与审美素养。此外,还应考虑作品的原创性与创意性,鼓励学生展现个人风格,避免千篇一律。评价过程中,可采用同伴评价、教师点评与自我评价相结合的方式,多维度反馈,促进学生自我反思与能力提升,确保评价既公正又富有建设性。

（二）创作过程评价

1.创作态度

评价学生的创作态度,首要关注的是其是否以认真严谨的态度对待每一次创作。这不仅体现在对题材选择的深思熟虑上,还在于对创作过程的全身心投入。一个对待创作如匠人雕琢艺术品般的学生,会不惜时间与精力,反复推敲每一个细节,力求作品的尽善尽美。认真态度的背后,是对创作的热爱与尊重。这样的学生,往往能在创作的道路上走得更远,因为他们懂得,每一次的尝试与努力,都是通往成功不可或缺的阶梯。他们不畏艰难,勇于面对创作中的挑战,无论是构思的瓶颈,还是修改的烦琐,都能以积极的态度去面对,直至找到最佳的解决方案。同时,优秀的学生创作者,总是乐于倾听他人的意见与建议,将其视为成长的养分,不断修正和完善自己的作品。这种开放与包容的态度,不仅让作品更加成熟,也让创作者本人在艺术的道路上更加坚韧不拔。

2.草稿与修订过程

评价学生的草稿与修订过程,就是走进他们创作的内心世界,探寻那些隐藏在文字背后的思考与成长。草稿,是创作灵感的初次绽放,通过检查学生的草稿,我们可以窥见他们构思的轨迹,感受那些灵光一闪的瞬间,以及他们在创作初期所面临的困惑与挑战。草稿的价值,不仅在于其作为作品雏形的存在,更在于它记录了创作者最初的创作冲动与思考过程。而修订,则是对草稿的精心打磨与雕琢。在修订过程中,学生需要仔细审视自己的作品,发现其中的不足与瑕疵,并通过不断修改与完善,使作品更加成熟与完美。修订记录,如同一部作品的成长史,它记录了创作者在每一次修改中的思考与抉择,展现了他们在艺术道路上的成长与变化。通过评估学生的修订过程,可以看到他们对待创作的严谨态度,以及他们在不断追求卓越的过程中所付出的努力与汗水。

3.合作与团队精神

评价学生在小组创作或合作项目中的表现,合作与团队精神无疑成为重要的考量标准。在团队合作中,学生需要展现出良好的沟通能力,能够清晰、准确地表达自己的想法与观点,同时也需要倾听他人的意见,尊重并吸纳不同的声音。这种沟通与交流的过程,不仅有助于创作灵感的碰撞与融合,更能促进团队成员之间的相互了解与信任,为作品的成功打下坚实的基础。此外,团队精神还体现在责任感的担当上。在小组创作中,每个学生都应承担起自己的责任,为作品的完成贡献自己的力量。无论是分工协作,还是共同面对困难与挑战,都需要学生展现出高度的责任感与使命感。这种责任感,不仅是对自己负责,更是对团队、对作品负责。它激励学生不断追求卓越,为团队的共同目标而努力奋斗。因此,在评价学生作品的创作过程时,不应忽视合作与团队精神这一重要维度,它不仅是作品成功的关键,更是学生成长道路上宝贵的财富。

参考文献

[1]刘文菊.大学语文十六讲[M].北京:高等教育出版社,2019.

[2]黄绮冰,霍义平.大学语文:经典品鉴[M].长春:东北师范大学出版社,2020.

[3]黄高才,刘会芹.大学语文[M].北京:北京大学出版社,2020.

[4]邱欣.大学语文教育视域下的文学素养培养[M].长春:吉林出版集团股份有限公司,2022.

[5]高艳.中华优秀传统文化在大学语文教学中的应用研究[M].沈阳:辽宁人民出版社,2022.

[6]蒋承勇.大学语文简编:4版[M].上海:上海交通大学出版社,2022.

[7]宁业勤,张崇利,谢秀琼.大学语文:2版[M].杭州:浙江大学出版社,2022.

[8]邓钗.互联网时代大学语文教学策略创新研究[M].北京:九州出版社,2021.

[9]苏爱风.大学语文名篇导读.散文卷[M].南京:南京大学出版社,2021.

[10]王珍,王淳婷,胡海艳.网络语境下的大学语文教学[M].长春:吉林出版集团股份有限公司,2021.

[11]陈金琳.大学语文:写作与演讲[M].上海:上海交通大学

出版社,2021.

[12]张子泉.大学语文:5 版[M].北京:清华大学出版社,2021.

[13]乔芳,周衡,王祥.大学语文:人文思考与写作实践[M].镇江:江苏大学出版社,2020.

[14]毛丽.大学语文教学与传统文化研究[M].北京:北京工业大学出版社,2020.

[15]崔飞,张瑞雪.大学语文. 2[M].郑州:河南大学出版社,2020.

[16]吴满珍.大学语文与实用写作:2 版[M].北京:清华大学出版社,2020.

[17]李勇.新编大学语文[M].北京:首都经济贸易大学出版社,2020.

[18]范开田,范语砚.大学语文教育研究[M].长春:吉林出版集团股份有限公司,2019.

[19]黄林非,孙益民.阅读与写作:3 版[M].长沙:湖南大学出版社,2022.

[20]张洁宇.历史的诗意:中国现代文学与诗学论稿[M].北京:人民出版社,2021.

[21]郭建玲.中国现代文学[M].上海:上海教育出版社,2022.

[22]田频,杨帆,刘应莉.文化传承与现代文学研究[M].长春:吉林出版集团股份有限公司,2021.

[23]王宁,生安锋.世界文学与中国现代文学:全二册[M].北京:中国社会科学出版社,2022.

[24]赵鸿君,王明强.大学语文:4 版[M]. 北京:人民卫生出版社, 2023.